CONSIDÉRATIONS

SUR

LA CONSTRUCTION ET LA PROPULSION

DES NAVIRES EN FER,

APPUYÉES

DE LA REPRODUCTION D'UNE ÉTUDE PROPOSANT CES NAVIRES,
ÉCRITE DÈS 1838, ET PUBLIÉE DANS LA REVUE SCIENTIFIQUE
DE PARIS, N°. DE JUILLET 1841.

Par M. E. LAHURE,

PROPOSÉ PAR MM. V. MARZIOU ET Cᵉ ET CH. BAL POUR LA DIRECTION DU MATÉRIEL
NAVIGUANT DES LIGNES TRANSATLANTIQUES SOUMISSIONNÉES D'APRÈS
LES ÉTUDES PRÉSENTÉES PAR CES ARMATEURS, ET PAR M. CH. BAL
DIRECTEUR DU LLOYD FRANÇAIS ET DU VÉRITAS.

Que les Paquebots transatlantiques réunissent tous les
accroissements de vitesse et toutes les réductions des frais
de navigation acquises aujourd'hui ; que les fausses améliorations soient seules écartées, et les résultats du service
proposé seront brillants sous tous les aspects.
Les études de tout ce qui peut concourir à la production de tels navires ne peuvent donc être trop nombreuses.

HAVRE

IMPRIMERIE DE H. BRINDEAU ET COMPᵉ,
RUE SAINT-JULIEN, 16.
1856

CONSIDÉRATIONS

SUR

LA CONSTRUCTION ET LA PROPULSION

DES NAVIRES EN FER,

APPUYÉES

DE LA REPRODUCTION D'UNE ÉTUDE PROPOSANT CES NAVIRES,
ÉCRITE DÈS 1838, ET PUBLIÉE DANS LA REVUE SCIENTIFIQUE
DE PARIS, Nº DE JUILLET 1841,

Par M. E. LAHURE,

DESSINÉS PAR MM. V. MARZIOU ET Cᵉ ET CH. BAL POUR LA DIRECTION DU MATÉRIEL
NAVIGUANT DES LIGNES TRANSATLANTIQUES SOUMISSIONNÉES D'APRÈS
DES ÉTUDES FOURNIES PAR CES ARMATEURS, ET PAR M. CH. BAL,
DIRECTEUR DU LLOYD FRANÇAIS ET DU VERITAS.

Que les *Paquebots* transatlantiques réunissent tous les
accroissements de vitesse et toutes les réductions des frais
de navigation acquises aujourd'hui ; que les fausses améliorations soient seules écartées, et les résultats du service
proposé seront brillants sous tous les aspects.

Les études de tout ce qui peut concourir à la production de tels navires ne peuvent donc être trop nombreuses.

HAVRE

IMPRIMERIE DE H. BRINDEAU ET COMPᵉ,
RUE SAINT-JULIEN, 16.
—
1856

CONSIDÉRATIONS

SUR

LA CONSTRUCTION ET LA PROPULSION

DES NAVIRES A VAPEUR EN FER

ET

REPRODUCTION D'UN MÉMOIRE SUR LE MÊME SUJET

PUBLIÉ EN **1841** DANS LA REVUE SCIENTIFIQUE DU Dr QUESNEVILLE.

(N° de Juillet.)

Les communications transatlantiques, déjà si rapides et qui le deviendront encore plus ; mais *qu'il faut aussi rendre moins périlleuses*, ont en France donné lieu à bien des études et à de nombreux projets.

Elles y sont cependant encore à l'état de projet, et ce résultat n'a rien de surprenant, puisque les subventions réclamées pour les établir n'ont pas été obtenues, tandis que, plus les projets ont été sérieusement étudiés, mieux ils démontrent combien les résultats financiers défendent de les exécuter sans les subventions importantes dont la demande est justifiée par le service postal qu'ils offrent d'accomplir.

Ce besoin de larges subventions trouve d'ailleurs sa preuve dans les sommes considérables que le Gouvernement anglais dépense, ou, pour être plus exact, avance chaque année pour subventionner les diverses compagnies dont les paquebots lui valent la possession presque exclusive du service postal transatlantique.

Mais aujourd'hui tout porte à croire que l'établissement de communications directes et rapides, entre la France et l'hémisphère occidental, a attiré l'attention de la puissante intelligence qui a replacé si haut l'Empire Français et qui sait unir, à sa politique si grande et si sage, une connaissance profonde de tous les besoins de son pays. Il y a donc lieu d'espérer qu'à tous ses droits à notre reconnaissance, l'Empereur va ajouter encore la création d'un vaste service postal qui dotera la France de vapeurs puissants et rapides.

Dans ces circonstances, n'est-ce pas un devoir pour tous ceux que leur position ou leurs goûts ont entraînés vers l'étude des questions qui se rattachent à cette création, d'apporter leur tribut, quel qu'il soit, à la collection des renseignemens sur lesquels elle sera basée et l'hésitation peut-elle exister quand on considère qu'elle devra être d'autant mieux appropriée à son but, que cette collection aura été plus complète?

Déjà des hommes les plus compétens, les Labrousse, les Dupuy de Lôme, les Bourgois, les Paris, ont fourni les enseignemens les plus précieux et des données très étendues; mais les études que réclame la création qui va surgir, sont si nombreuses et si variées, qu'on peut dire avec confiance qu'après la réunion de toutes celles qui ont été faites et même de toutes celles qui l'auront été quand on exécutera, il en restera encore et toujours de nouvelles à faire.

Stimulé par ces réflexions, je me détermine quoique simple chercheur d'améliorations, à apporter à la grande collection mon tribut, quelque faible qu'il puisse être ; mais comme je n'ignore pas que, pour obtenir seulement des examens un peu sérieux, il est indispensable d'accompagner ses idées de quelques titres à l'attention des hommes compétens, je chercherai à m'en faire un de la similitude complète de combinaisons que recommande très chaudement M. le capitaine de vaisseau Paris, dans le *Traité de l'Hélice propulsive* qu'il vient de publier, et de toutes celles que j'ai proposées dans des Mémoires imprimés dès 1840 (1) et 1841, et dont la date bien plus ancienne est authentiquement an-

---

(1) Archives du Havre et de la Normandie, cahier d'avril 1840, imprimé par M. S. Faure.

térieure à 1838 (1), Mémoire dont je reproduis le plus important, celui publié en 1841, dans le numéro de juillet de la *Revue Scientifique* du docteur Quesneville, imprimée à Paris par L. Hachette.

Je pourrais m'étayer aussi d'un projet pour l'établissement, entre le Havre et New-York, d'une ligne de paquebots à vapeur *en fer, à propulseurs hélicoïdes*, A GRANDES PUISSANCES et dont l'exécution, suivant mes études et mes plans, avait été, dès 1846, l'objet de soumissions déposées et par M. Lacheurié (2) et par moi, soumissions qui furent, sur les adhésions données par M. J.-E. Larrieu, en son nom et à celui d'une réunion de financiers, dont il était l'organe, admises par les ministres de la marine et des finances, avec approbation des moyens d'exécution.

Les premières soumissions avaient été déposées en 1845; mais les engagemens qu'elles prenaient n'étaient que pour des navires à roues, nous nous y réservions seulement le droit d'adopter le propulseur hélicoïde, si nos études qui se continuaient venaient à nous procurer des données assez certaines pour nous permettre l'emploi de ce propulseur, à la supériorité duquel nous avions déjà foi sous bien des rapports, mais dont l'appropriation à la production des grandes vitesses ne nous paraissait pas encore constatée.

Ce fut à la suite du dépôt de ces premières soumissions que la présentation de tous les détails d'exécution, plans, devis, modèles, etc., fut réclamée par l'amiral ministre de la marine, et que j'obtins ensuite les enseignemens les plus précieux qui, de plusieurs sources, me furent accordés avec une prodigalité dont je serai toujours reconnaissant.

Communiqués journellement à M. Larrieu, qui, tout en menant ses grandes affaires, avait étudié sérieusement, et connaissait bien toutes les questions qui se rattachaient à notre entreprise, tous ces enseignemens le décidèrent à autoriser mon collègue et moi à modifier les soumissions déposées, et à les transformer aux conditions que j'ai indiquées d'abord, cé qui eut lieu en 1846.

---

(1). Voir les notes au premier folio de la reproduction de l'article extrait de la *Revue Scientifique*.

(2) M. Lacheurié s'était associé à moi pour cette entreprise, et c'était à lui que j'avais dû l'entrée en rapports avec M. J.-E. Larrieu, qui l'avait prise sous son patronage.

Malheureusement, plusieurs hommes aussi haut placés que compétens, dont les précieux conseils n'avaient pas peu contribué à me guider dans le choix des moyens d'exécution, très hardis à l'époque et auxquels aujourd'hui l'expérience a cependant donné sa sanction, ont été déjà et bien prématurément enlevés à leur pays et à leurs amis, et ce malheur me défend de citer leurs noms.

Mais, il est encore des témoignages à l'abri desquels j'eusse pu placer mes assertions; il en est un surtout dont l'importance serait bien grande, puisqu'il émanerait d'un de nos amiraux, M. Hernoux, qui faisait partie de la commission à laquelle la Chambre des Députés avait donné la mission de contrôler tout le projet, projet dont le retrait ne fut opéré qu'après une succession de trois années, de renvois de l'ordre du jour d'une année à celui de l'année suivante, de la discussion d'une loi dont l'adoption eût eu pour conséquence l'exécution immédiate du projet présenté.

Mais l'appui que me présente la similitude que j'ai signalée me paraît si important, que je me borne à demander qu'on veuille bien comparer seulement la critique inscrite aux folios 161 et 162 de l'ouvrage de M. Paris, critique aussi juste que vigoureuse que je reproduis textuellement en tête de mon ancien Mémoire, et le deuxième alinéa du folio 24, le premier alinéa du folio 25 et le dernier alinéa du folio 28 de ce Mémoire: car on ne pourra pas, je crois, méconnaître la similitude parfaite des combinaisons proposées, il y a près de vingt années, par le chercheur d'améliorations, et de celles auxquelles l'opinion si bien tracée de l'habile capitaine de vaisseau donne une valeur qui justifie à l'avance tout ce que je pourrai tenter pour rendre de plus en plus évidentes, et l'exactitude du jugement dont je m'étaie, et surtout la haute importance de l'emploi de ces combinaisons.

Et, qu'on ne s'y trompe pas, cette similitude ce n'est pas sur un point isolé, sur une question secondaire; mais bien sur une combinaison qui est la base de tout le système des constructions bien entendues de navires en fer, qu'elle se rencontre; d'ailleurs, ceux qui voudront bien lire tout mon Mémoire y trouveront partout la même conformité à toutes les opinions de

M. Paris et à celles de M. Bourne, qui doivent une haute valeur à la reproduction qu'en fait M. Paris dans le Traité qu'il vient de publier.

Quelles expressions, en effet, pourraient, mieux que celles que j'ai extraites du *Traité de l'Hélice propulsive*, démontrer toute l'importance de l'évaluation que j'ai faite avec tant de soin de la force des joints, par lesquels des séries de feuilles de tôles peuvent être amenées à ne former qu'une seule paroi, et où pourrais-je rencontrer un encouragement plus entier à la production que je fais ci-après, annexe n° 1, des raisonnemens sur lesquels reposent ces calculs, et des calculs par lesquels j'établis l'égalité de la répartition des forces entre les tôles réunies et les rivets qui les réunissent: la présentation de ces raisonnemens et calculs est aujourd'hui doublement motivée, car elle confirme que la force des joints croît exactement comme l'épaisseur des tôles.

Mais pour faire apprécier toute l'importance des combinaisons si vivement recommandées par M. Paris, je dois rappeler d'abord l'obligation que signale une note que j'ai ajoutée au folio 27 de mon ancien Mémoire, obligation qui résulte de la disposition à s'onduler que recèlent les parois en tôle qui composent les navires de fer, ce qui impose de donner à ces parois une épaisseur bien supérieure à celle que réclame la force nécessaire pour résister aux tractions maxima qu'elles peuvent avoir à subir. Je dois rappeler cette observation, afin de la mettre en présence d'une autre qui en est le correctif et qui, bien que d'une nature toute différente, n'en mérite pas moins la plus sérieuse attention: cette autre observation, c'est sur la partie financière de l'étude des navigations par la vapeur qu'elle repose; elle consiste à rappeler que « *chaque tonne de fer qui se trouve inuti-*
» lement ajoutée au poids d'un navire, produit non-seulement
» une réduction dans les recettes toutes les fois que la totalité du
» fret utile peut être mise à bord; mais encore un double accrois-
» sement de dépense: 1° par l'augmentation du capital converti en
» matériel, capital dont les produits de l'entreprise doivent payer
» les intérêts, l'usure et l'amortissement; 2° par la réduction de
» vitesse et l'augmentation du combustible consommé, ainsi que
» de tous les frais si considérables qui croissent ou décroissent

»proportionnellement au temps qu'on passe à faire les traversées, »
et cette considération a d'autant plus d'importance que l'accroissement de la solidité des navires est un résultat si désirable qu'à la
première inspection on sera toujours disposé à admettre que cet accroissement ne peut jamais être poussé trop loin et, qu'aujourd'hui
surtout, les hommes spéciaux eux-mêmes sont d'autant plus disposés à se laisser entraîner à partager cette opinion, qu'ils se trouvent influencés par les nombreux désastres dont les navires en
fer ont été frappés depuis deux ou trois années, désastres amenés
pourtant par des causes tout à fait exceptionnelles et par une
phase déplorable que vient de traverser ce système de constructions, phase due à la soif insatiable du bon marché qui, stimulée
par l'accroissement du prix des fers, a conduit à la confection de
navires travaillés par des ouvriers entrepreneurs insuffisamment
payés (1), et composés de tôles d'une qualité si inférieure que ,
de ce qu'elles eussent dû être, elles n'avaient guère que le nom.

Tous les hommes compétens savent que , depuis quelques années, il se fabrique en Angleterre , pour la confection des navires , des tôles de qualités si inférieures , qu'elles ne donnent aucunes garanties de solidité ni de durée , et que cela n'empêche
pas qu'elles soient employées dans la construction d'un grand
nombre de navires.

Ces causes des désastres occasionnés depuis peu d'années par
certains navires en fer, sont bien connues ; néanmoins il sera très
difficile de se garder contre les exagérations vers lesquelles doit
conduire la crainte de manquer de solidité : il sera même impossible , quelque soin qu'on apporte dans les comparaisons avec
les bons navires de fer existants, qu'on ne soit pas entraîné à
donner, à ceux qu'on construira, une force et des épaisseurs un
peu supérieures aux besoins réels , et cependant ces exagérations , si elles étaient poussées trop loin , seraient une faute bien
grave , car elles enlèveraient aux constructions en fer le plus important des avantages qu'elles offrent , la réduction du poids :
réduction dont on ne peut trop redire les conséquences immen-

---

(1) Voir au folio 15 les conséquences des rivetages mal exécutés.

ses, puisqu'elles sont un accroissement de la vitesse et dès lors des produits, avec réduction de la dépense.

Au milieu de ces conjonctures, l'opinion si bien formulée par M. Paris, acquiert une nouvelle valeur : car, grâce aux vérités incontestables, d'ailleurs, que son appui permet de défendre avec confiance, on évitera au moins, dans les navires à construire, les surcharges énormes qu'entraîne l'emploi que bien des ingénieurs réclament encore pour créer la résistance aux flexions longitudinales, de ces carlingues si lourdes et auxquelles le besoin d'abaisser le centre de gravité des navires, et, dès lors, de ne pas trop éloigner de leurs fonds les machines et les chaudières, ne permet de donner des dimensions traversales que très réduites et desquelles il ne résulte que trop souvent, que l'accroissement de la solidité n'est guère supérieur à celui que l'accroissement du poids réclame pour le rétablissement d'une solidité égale.

Ici je dois décrire une disposition que j'ai toujours demandée et à laquelle l'opinion émise par M. Paris donne une approbation entière : je voudrais que dans tous les grands navires à vapeur destinés à traverser l'Océan ou à tous autres trajets un peu longs, il fût établi, au milieu de la largeur, et sur presque toute la longueur du navire, un compartiment composé de deux parois en tôle, verticales, à peu près parallèles, se rapprochant seulement vers les extrémités. Ces deux parois s'élèveraient au moins jusqu'à l'entrepont, et jusqu'au pont quand les dispositions intérieures le permettraient, ce qui aurait lieu pour les navires dont le pont serait dans la majeure partie de sa longueur couvert d'un rouffle (*spar deck*). La distance qui séparerait les deux parois serait ménagée de manière à ce qu'elles pussent traverser la chambre des machines et l'emplacement des chaudières, sans autre solution de continuité que des ouvertures, au-dessous et au-dessus desquelles, elles régneraient sans interruption et pourraient même recevoir des consolidations équivalant l'affaiblissement produit par ces ouvertures. Ces parois formeraient donc une carlingue à laquelle sa hauteur considérable, hauteur qui est, il faut le rappeler, la dimension du levier de résistance, donnerait, même pour des tôles d'une épaisseur médiocre, une force d'autant plus considérable, qu'elles seraient unies par des joints à double plaque (1) et que les cloisons traversales, divisant le navire en compartimens étanches, viendraient se relier avec ces parois longitudinales, ce qui, tout en les maintenant et leur donnant plus de rigidité, doublerait le nombre des compartimens étanches.

Le vide entre les deux parois longitudinales serait les soutes à charbon dans lesquelles, une disposition dont la description serait ici un détail superflu, permettrait de ne pas décharger le centre du navire avant ses extrémités.

Ces soutes, que des clôtures applicables de la chambre contenant les machines et les chaudières permettraient d'isoler du reste du navire, offriraient l'avantage de pouvoir submerger tout le charbon dans le cas où, ce qui n'est pas sans exemple, il entrerait en combustion.

L'accroissement de solidité que donneraient les parois formant ces soutes, serait d'autant plus grand, pour les navires que j'ai proposés, que leur profondeur relative se trouve accrue par l'adoption de formes dont, par une coïncidence d'un ordre tout différent de celles que j'ai déjà signalées, MM. Bourne et Paris recommandent l'emploi ; on lit, en effet, au folio 145 du *Traité de l'Hélice propulsive* : « On peut déduire de là que les navires » plats et de peu de tirant d'eau sont très difficiles à faire avan- » cer et que le périmètre, ou ligne extérieure de la section tra- » versale en contact de l'eau, doit avoir le moins de longueur « possible. »

Convaincu, et théoriquement et par une série d'expériences, des avantages que présentent les formes acculées (2), j'ai toujours donné aux maîtresses sections des plans que j'ai proposés, tout l'acculement permis par la limite que la fréquentation des ports impose à l'augmentation du tirant d'eau qui résulte de cette forme, quand on l'applique sans réduire le déplacement.

---

(1) Voir annexe n° 1 , à la description et l'évaluation de la force de ces joints:
(2). On désigne par cette expression la mesure de l'acuité des fonds des navires ; elle se prend d'ordinaire à la moitié de la demi-largeur. Pour les navires à fond tout plat, l'acculement est 0 , pour les autres cette mesure est la hauteur d'une perpendiculaire élevée au quart de la largeur, depuis la droite qui était, sur la section verticale traversale par le maître couple, le fond du navire plat, jusqu'à celle qui représente, pour les navires à varangues plus ou moins acculées, le fond sur la même section. (*Voir la fig. 4 à l'annexe n° 2.*)

Sauf cette limite, il convient de porter l'acculement de ces navires, mesuré au quart du bau, aux environs du tiers du tirant d'eau sur lest.

Quant à la réduction des résistances à la marche, elle est, sans contredit, un des principaux avantages que cette forme procure ; mais, à côté de cet avantage qui n'est pas, je dois le reconnaître, encore incontestable, il s'en trouve un autre que procure l'acculement des fonds, surtout aux navires à propulseur hélicoïde et à grande puissance : c'est un accroissement de la stabilité effective et relative, produit par l'abaissement des machines, duquel il résulte, pour le centre de gravité du navire, un abaissement bien supérieur à celui que les formes acculées impriment au centre de gravité de son déplacement (1) ; et pour cet avantage, il est positif et si facile à démontrer rigoureusement et même à évaluer, que, pour en établir la réalité, on n'a pas même à invoquer l'opinion et le concours des hommes éminens.

Or, l'accroissement de la stabilité qui, pour tous les navires d'une largeur relativement réduite, est un avantage incontestable, prend une valeur encore bien plus grande pour les navires à grandes puissances destinés à traverser l'Océan, puisque le poids de leur consommation leur impose, entre le départ et l'arrivée, des réductions de tirant d'eau qui peuvent s'élever en commune, c'est-à-dire à la demi-longueur du navire, de $1^m,20$ à $1^m,30$ pour des navires de 3,800 à 4,000 mètres de déplacement et de 6 mètres de tirant d'eau au départ.

Quant à la réduction des résistances à la marche des navires que procure l'acculement des fonds, on en trouve une explication toute directe dans une cause autre que celle indiquée dans le paragraphe que j'ai reproduit ; mais, pour admettre cette cause, il faut consentir à ne plus considérer l'eau comme faisant, pour laisser passer le navire, ses mouvemens dans la direction que l'incidence des formes de la carène tend à imprimer.

Les frottemens sur les carènes ont, pendant longtemps, été considérés comme suivant cette direction et les formes que

---

(1) Voir les appréciations de la stabilité à l'annexe n° 2 qui termine ce Mémoire.

bien des constructeurs , en France surtout , donnent à leurs navires, sont encore basées sur cette considération ; mais bien des
ingénieurs , parmi lesquels on compte des hommes fort éminens, la rejettent, et, en effet , elle n'est guère admissible quand
on tient compte , et de cette circonstance que c'est le navire qui
marche, et de l'incompressibilité de l'eau.

Le rejet complet de cette direction des frottemens qu'indique
la forme de bien des navires anglais et américains surtout, n'est
probablement pas étranger à l'obtention des vitesses tout à fait
supérieures, qu'obtiennent maintenant certains navires à voiles (1).

M. Paris propose des ponts en fer , ce qui , sans aucun doute,
produirait un accroissement considérable de solidité; malheureusement il n'est pas, que je sache, un navire à pont de fer dans
lequel on n'en soit venu à couvrir ce fer d'un pont de bois, ce
qui amène une augmentation de poids, et, d'ailleurs, je ne puis
croire que M. Paris lui-même eût considéré les ponts de bois
comme aussi impropres à résister aux tractions , s'il n'eût pas
négligé une cause qui , toute indirecte qu'elle est , n'en produit
pas moins des résultats très importans : cette cause , c'est le calfatage. Déjà , dans mon ancien Mémoire, je m'étais aventuré à
dire quelques mots sur le rôle important que joue le calfatage ;
mais aujourd'hui, que je me trouve entraîné à rechercher la force
des ponts pour la résistance aux tractions, ce qui malheureusement est loin d'être , comme pour les tôles, facile à constater
directement par des applications aux machines à éprouver les
chaînes-câbles, il est indispensable que je cherche à justifier l'effet que j'attribue au calfatage.

Je ferai remarquer d'abord que les efforts que je vais chercher
à apprécier sont, pour les ponts, d'une nature toute différente de
ceux que les côtés des navires ont à subir : pour les côtés, les
efforts tendent à produire soit l'allongement des hauts et le raccourcissement des fonds, soit le résultat inverse, ce qui occasionne

(1) Dans une lettre adressée le 3 février 1853 , par le ministre de la marine , à la
Chambre de Commerce du Havre , dont je faisais alors partie , lettre fort étendue ,
relative à un navire américain (*Sovereign-of-the-Seas*), et écrite dans le but de sti-
muler nos constructeurs et armateurs , il est dit que des hommes les plus compétens
ont examiné les journaux de route de ce navire et y ont trouvé la preuve qu'il n'est
pas rare que son sillage atteigne des vitesses de 15, 16 et 17 nœuds à l'heure pendant
des journées entières.

un maniement qui tend à détruire les effets du calfatage, tandis que, pour les ponts, les tractions ou les pressions sont parallèles à la longueur.

Qu'on me permette maintenant de supposer l'introduction d'un coin, chassé à la masse dans un about, c'est-à-dire entre les extrémités de deux bordages dont l'un s'étendra jusqu'à l'une des fins du pont, introduction pratiquée sur un pont bien fini, bien cloué et prêt à être calfaté, cette opération fera marcher le dernier bordage dans le sens de sa longueur vers celle de ses extrémités qui ne se trouve pas soutenue par la rencontre d'un autre bout de bordage, et ce bordage, poussé par le coin, finira par se trouver séparé des barrots sur lesquels il était cloué, ce qui aura lieu soit parce que les clous seront arrachés des barrots, soit parce que leurs têtes traverseront le bordage que le coin fera, je le répète, marcher et facilement marcher, dans le sens de sa longueur, effet qui coïncide exactement avec l'objection de M. Paris. Mais que la même opération soit tentée après que tous les joints longitudinaux du pont auront été calfatés et alors le bordage ne marchera plus : la distance, depuis l'about coincé jusqu'à l'extrémité du pont, ne fût-elle que de 7 ou 8 mètres et l'épaisseur seulement de 7 ou 8 centimètres, le bois sera refoulé, écrasé par le coin ; mais le bordage ne marchera pas : or c'est cette liaison, je dirais presque cette espèce de soudure, que la pression de l'étoupe établit entre les bordages juxtaposés, qui me conduit à considérer un pont comme produisant une force suffisante pour la résistance aux tractions, principalement si l'on admet à la partie supérieure des navires et sur tout le développement de leurs hauts, la présence d'une tôle horizontale de 60 ou 80 centimètres parfaitement reliée avec la dernière virure des bordages comme avec les barrots : car, sur ce puissant renfort, sur lequel se placent les fins des bordages du pont, elles trouvent une liaison très forte, vu la longueur du croisement que produit la finesse des avants, qui laisse peu de différence entre la direction longitudinale des bordages et la parallèle aux côtés : tandis que, pour les arrières, la largeur de la tôle repliée horizontalement peut parfaitement être doublée et triplée au moyen de tôles juxtaposées et reliées par des joints.

Mais puisque, soit qu'ils soient de bois, soit qu'ils soient de fer, les points doivent agir comme la corde d'un arc dont la flexion reste invariable tant que sa corde ne subit ni allongement ni raccourcissement, il résulte de cette condition, l'obligation d'un changement dans une des dispositions ordinairement suivies dans la construction des navires, disposition qui consiste à relever les ponts à l'avant et à l'arrière beaucoup plus qu'à la demi-longueur, en leur faisant suivre une direction courbe qu'on nomme *tonture*.

On peut, il est vrai, comme dans le petit vapeur la *Ville-de-Dinan*, que je fis en 1847 et dans lequel cette combinaison me réussit bien, diminuer beaucoup, au moyen de liens partant du haut des côtés du navire vers sa demi-longueur et s'étendant jusqu'aux extrémités inférieures de l'avant et de l'arrière, les inconvéniens que présente, pour résister aux tractions, la courbure des ponts que les tractions tendent à redresser ; mais cette combinaison ne vaudra jamais un pont dont chaque virure suivra une ligne droite, et, si je suis bien renseigné, déjà cette disposition a été adoptée en Angleterre, et entre autres dans un très grand navire l'*Etna*.

Sans doute une suppression complète de la tonture serait une chose regrettable, mais d'abord la condition que je viens d'indiquer n'en impose aucune pour les formes extérieures des navires à gattes et, pour celles des navires dont le pont sera placé à la hauteur des plats-bords, système d'agencement bien préférable, dans mon opinion, la suppression entière de la courbe de tonture ne résulte pas de la direction droite à faire suivre à chaque virure du pont : cette disposition au contraire impose une tonture, seulement elle est limitée et cette limite est l'ordonnée maxima de la courbe transversale inverse que doivent toujours suivre les barrots, pour faciliter l'écoulement de l'eau sur le pont : or, comme cette courbure, le cintre des barrots, peut très bien être portée pour des navires d'une douzaine de mètres de bau à 40 ou 45 centimètres et même plus, elle laisse encore assez de tonture pour satisfaire et aux exigences de l'aspect et à celles des qualités nautiques, vu surtout que l'obligation de faire suivre des lignes droites aux virures des ponts des navires, n'empêche pas d'en placer l'extrémité d'avant plus haut que celle d'arrière.

Maintenant, en présence du besoin d'accroître le cintre des

barrots, je crois devoir indiquer un moyen aussi peu dispendieux qu'efficace de maintenir invariablement les barrots en fer à double T au cintre adopté, tout en leur donnant une grande force.

Ce moyen, c'est l'application d'une tige, en fer rond, placée comme la corde d'une arbalète. Cette corde traverse deux trous percés un à chaque bout du barrot au-dessous de la tête du T supérieur : pour la mettre en place, on donne au barrot plus de cintre qu'il ne doit en conserver, on passe la corde dans les trous et on la replie parallèlement au barrot, avant et après le passage à travers ces trous, de manière à lui laisser la longueur voulue, après quoi elle se trouve tendue en ramenant par une pression quelconque, coins ou vis, etc., le barrot au cintre fixé.

Cette corde dépasse très peu et même ne dépasse pas du tout le barrot à sa demi-longueur quand la hauteur de celui-ci est égale au cintre, ce qui est une très bonne condition, aujourd'hui surtout que le laminage des fers fournit les meilleures dispositions par rapport aux sections verticales des barrots. Ma combinaison permet donc de les faire très légers et d'une solidité parfaite, pourvu qu'on les entremêle de poutres en sapin toutes droites et destinées, elles, à résister aux pressions de l'extérieur vers l'intérieur.

Quelque nombreuses que soient les observations que, mes longues études sur l'architecture navale et sur l'emploi des tôles pour la construction des navires, me laisseraient à présenter, et par cela même qu'elles seraient beaucoup trop nombreuses, je dois m'arrêter ; il me reste cependant, avant de le faire, à présenter encore deux ou trois remarques d'une portée générale.

L'une : c'est la nécessité de ne pas laisser, sans autre soutien que leur épaisseur et celle de la membrure ordinaire, des tôles formant des surfaces planes de dimensions importantes et aussi grandes que celles qu'on peut très bien admettre sans autre soutien que la membrure dans les navires de bois. Pour justifier cette distinction, il suffit de rappeler que la résistance des surfaces planes aux pressions normales à ces surfaces croît ou décroît avec l'épaisseur des parois, cette épaisseur étant la longueur du levier de résistance ; cette seule observation explique pourquoi, dans ces chalands et bateaux à fonds tout plats, qu'on emploie en si grand nombre pour la navigation entre notre port et Paris, ceux en bois conservent à peu près leurs formes, tandis que ceux en fer prennent un acculement en sens inverse, c'est-à-dire qu'au lieu de rester plats ou de présenter, comme les navires ordinaires, la forme d'un toit renversé, le fond de ces bateaux rentre et fait, vers la demi-largeur, saillie à l'intérieur du bateau, dont le fond présente la forme du dessus d'un toit obtus, il est vrai, mais placé dans sa position ordinaire.

La seconde : c'est la force que les parois en tôles acquièrent, au contraire, pour conserver la forme qui leur a été donnée, chaque fois que cette forme est ou sphéroïde, ou cylindrique, ou seulement une surface gauche. Pour se rendre compte de ce dernier effet, il suffit de mesurer sur des parallélogrammes réguliers ou irréguliers, mais gauchis, les longueurs des côtés et des diagonales : car cette mesure, qu'on la prenne soit par des projections, soit sur exécution, fait reconnaître que le travail que le métal doit subir pour passer de la forme plane à une forme gauche, fait prendre à ses dimensions, sur le sens des diagonales, un accroissement qui rend celles-ci plus longues que celles que pourraient contenir les quatre côtés si la surface était plane, d'où il résulte que le retour à la forme plane ne peut être obtenu qu'en faisant allonger les côtés et conséquemment en les battant au marteau.

Ma troisième et dernière remarque porte sur le rivetage : les défectuosités qui se rencontrent dans cette importante partie de la construction des navires en fer atteignent parfois des proportions telles qu'on ne peut pas les signaler sans s'exposer à être taxé d'exagération. Ainsi j'ai vu des vapeurs en fer dans lesquels, malgré l'énorme quantité de rivets que ces constructions exigent, je n'ai pas réussi à en trouver qui ne présentassent pas de traces de suintement.

Pour mettre en garde contre un aussi déplorable résultat, le meilleur moyen est d'en indiquer l'origine et les conséquences.

L'extérieur des navires doit être uni, et cette condition, obligatoire au moins pour toute la partie susceptible d'être immergée, impose de noyer les têtes des rivets dans l'épaisseur des tôles bordages, ce qu'on obtient en donnant à l'extrémité extérieure des trous qui reçoivent les rivets une forme conique évasée à l'extérieur. On met les rivets en place en les introduisant par l'intérieur du navire, où se trouvent leurs têtes en saillie. Or, il est évident que rien n'est plus facile pour l'ouvrier qui refoule le bout du rivet et est chargé d'en former la tête, qui devrait remplir bien exactement tout le vide laissé par la conicité, que de se borner à en recouvrir la surface extérieure, tout en laissant en dessous des vides parfaitement invisibles. Cette simple vérité reconnue, l'absolue nécessité de créer des moyens de surveillance qui empêchent efficacement cette grave défectuosité devient évidente, et cette nécessité est d'autant plus urgente que ce n'est pas seulement aux voies d'eau qui en sont le résultat direct, mais aussi à la destruction complète de la solidité du navire que s'étendent les conséquences de cette défectuosité : car l'inefficacité de l'action des rivets permet aux joints, et dès lors à tout le navire, de manier (1), et tous les marins, tous les hommes pratiques savent que tout navire qui manie voit invariablement ce grave inconvénient aller toujours en croissant. Comment, d'ailleurs, pourrait-il en être autrement pour des constructions soumises sans relâche aux oscillations et même aux saccades qui résultent de l'agitation plus ou moins forte, mais incessante, du fluide qui les porte ?

Ici je termine, et ma conclusion sera le souhait le plus ardent de voir la France dotée de navires assez vites pour pouvoir exclure complétement de l'exécution du service ce fatal *go a head* qu'ont mis en si grande vogue MM. les Anglo-Américains, et qui a déjà fait, vient, suivant toutes les probabilités, de faire (2), et fera malheureusement encore bien des victimes. Ce que je voudrais aussi pour la ligne de New-York, ce serait la création d'un instrument, d'un thermomètre combiné de manière à présenter constamment, dans une partie ostensible du navire, l'indication de la température de la mer, car cet instrument avertirait, non pas seulement de l'approche de toute glace, mais encore, par sa marche ascensionnelle ou rétrograde, du plus ou moins

---

(1) Voir pour la signification de ce mot, l'explication au folio 30 de mon ancien Mémoire.

(2) Sur le vapeur américain *Pacific*.

d'efficacité de la déviation de route qu'on prendrait pour éviter la rencontre redoutable dont il aurait annoncé l'approche.

De toutes les prévisions de mon ancien Mémoire, quelque risquées qu'elles fussent quand je les présentai, de tous les souhaits qu'il contenait, je n'en vois pas qui n'aient été réalisés et excédés, y compris la mise à l'épreuve des projectiles, qui, si elle a exigé des épaisseurs de fer bien supérieures à mes prévisions, n'en a pas moins été obtenue grâce à la ferme volonté qui est l'objet de mon admiration la plus fervente. Puissent les souhaits que je forme aujourd'hui obtenir la même réalisation.

E. LAHURE.

*HAVRE , le **21** Avril **1856**.*

DÉSIGNATION DES DIVERSES PARTIES D'UNE HÉLICE.

Nota. — L'amélioration proposée aux folios 58 et suivants est très simple , et la base sur laquelle elle repose ne l'est pas moins ; cependant il n'est pas facile d'en rendre l'explication bien claire , et la description suivante me paraît indispensable pour faciliter l'intelligence des explications contenues à ces folios :

Une hélice est, je le répète encore , une vis de la forme de celles à bois, mais d'un très grand diamètre, avec un corps relativement très faible, et avec un nombre de filets égal à celui des ailes qu'on entend donner à l'hélice.

Quand, pour transformer la vis en ailes, on se borne à opérer deux sections perpendiculaires à l'axe de la vis et distantes l'une de l'autre de la longueur qu'on veut donner à l'hélice, ses branches et ailes conservent la surface maxima qu'elles peuvent atteindre eu égard au pas adopté. Dans ce cas, la projection de chaque aile sur un plan parallèle à l'axe.(1) de l'arbre et de l'hélice et à une droite par le centre de l'aile , est un parallélogramme rectangle, ayant de hauteur le rayon de la circonférence maxima de l'hélice et de largeur la longueur de ce propulseur. Dans ces hélices ni les branches ni les ailes ne sont aucunement découpées ; cependant, même pour les hélices de cette forme, je considère chaque aile comme composée de trois parties, et c'est la désignation de ces parties que je crois nécessaire pour l'intelligence des explications des folios 59 et 60.

La première partie est la plus rapprochée du centre, c'est le moyeu de l'hélice : quand elle est en fonte, ce moyeu est toujours assez gros, puisqu'il doit envelopper l'arbre, et donner la force nécessaire pour vaincre les résistances maxima des branches et ailes ; quand l'hélice est en fer forgé et d'un seul morceau avec son axe, son moyeu n'a plus que la grosseur de l'ar-

---

(1) Le mot *axe*, qui signifie tantôt l'arbre de l'hélice , tantôt une droite par le centre de cet arbre, n'a ici que cette dernière signification , car l'arbre peut avoir des diamètres variables, suivant la manière dont il est employé.

bre, accrue peut-être un peu pour faciliter l'émission des branches. Or, pour mes explications, cette partie, qu'elle soit plus ou
moins grosse, est toujours le *moyeu*.

La deuxième partie s'étend du moyeu jusqu'à une certaine
fraction des filets de la vis, fraction très variable, ét dont le folio
57 indique les bases d'évaluation. Pour mes explications, cette
seconde portion de l'hélice, même pour celles sans aucune dé-
coupure, n'est toujours que *la branche* de l'aile, que l'attache qui
relie cette aile au moyeu par lequel la rotation est transmise.

Ainsi la troisième partie, complément de l'hélice, est la seule
qui, dans mes explications, soit désignée par le mot *ailes*, par ce
qu'elle est la seule par laquelle, suivant moi, doit être produite la
propulsion.

J'espère qu'ainsi préparées, les explications que je craignais
de n'avoir pas rendues assez faciles à comprendre, pourront l'ê-
tre sans trop de difficulté.

REPRODUCTION DU MÉMOIRE

PUBLIÉ DANS LA REVUE SCIENTIFIQUE DE PARIS,

Précédé des passages extraits du Traité de l'ouvrage de M. PARIS.

On lit au f° 161 du *Traité de l'Hélice propulsive :*

« Tous les navires en bois ou en fer ont été, jusqu'à présent, construits d'une manière peu scientifique, en ce que presque toute la force a été donnée aux parties inférieures et aux côtés, et très peu au pont; tandis qu'un bâtiment devrait être considéré comme un long tube creux, capable d'être impunément chargé au milieu, quand il est porté par les bouts ou par les extrémités, tandis que le centre est soutenu. Pour mettre un bau à même de supporter de tels efforts avec le moins de poids et de matériaux possibles, il est évident que sa force doit être surtout concentrée au-dessus et au-dessous, et si nous appliquons cette règle à un navire, le pont sera presque aussi solide que la quille et le fond. Cependant, on est si éloigné d'observer cette règle, que les ponts des navires sont très minces et très faibles en comparaison des fonds, et que leur bordage, au lieu d'être boulonné, n'est que cloué sur les baux. De plus, les navires, à roues à aubes, sont presque coupés en deux au milieu de leur longueur par les écoutilles nécessaires au mouvement des manivelles, et ceux de toutes sortes ont leurs ponts percés de nombreux trous et d'écoutilles. Par le fait, le pont est plutôt regardé comme un plancher pour se promener, ou comme une terrasse pour s'opposer à l'infiltration de l'eau, que comme une partie intégrante du navire de laquelle dépend en grande partie la force dans le sens de la longueur, et il résulte de cette erreur que les bâtimens sont plus lourds et plus faibles qu'ils ne devraient l'être. Je proposerais de faire les navires en fer avec un pont en tôle, de manière à convertir le navire en un tube fermé aux deux bouts : je mettrais une membrure ou cornière à chaque bau, et je la joindrais à celles des côtés, de ma-

2.

nière à former un anneau continu autour de l'intérieur du navire comme le montre la figure 13. L'extérieur du navire en dehors de la membrure aurait aux angles du pont un espace angulaire que je remplirais dans les navires en bois ; et, dans ceux en fer, j'y mettrais une sorte de tuyau triangulaire en tôle, construit de manière à former la continuation du pont et de la muraille, et à s'étendre du milieu jusqu'à chaque extrémité du bâtiment. »

Et au folio 225 :

« MANIÈRE DE CONSTRUIRE LES NAVIRES. — Tous les navires en fer ou en bois devraient être construits comme une poutre creuse, et par conséquent leur principale force serait surtout concentrée au fond et sur le pont, en ce que ce sont les parties qui éprouvent le plus d'effort. Les côtés n'exigent pas autant de solidité que le haut et le bas, et il faut que le pont soit construit avec tout le navire de la même manière que le fond, au lieu de n'être qu'une plate-forme, clouée après coup. Les ponts des navires en fer devraient être en fer, couverts avec cette sorte de ciment employé en Chine à enduire les planches, et qui remplit très bien ce but. Dans les bâtimens actuels *il y a trop de cornières; elles ne donnent pas de force longitudinale et* NE SERVENT QU'A CONSERVER LA FORME DE LA COQUE ; un plus petit nombre remplirait ce but. *Une cornière par bau est très suffisante*, et ces deux pièces devraient être faites d'une manière continue, afin d'entourer le navire par un anneau intérieur. »

⸺⸺◦◦◦⸺⸺

RÉFLEXIONS

SUR LES NAVIRES A VAPEUR EN FER, ET SUR L'EMPLOI DE CES NAVIRES
POUR LES NAVIGATIONS TRANSATLANTIQUES.

Observations préliminaires adressées à M. le rédacteur de la REVUE SCIENTIFIQUE.

Monsieur ,

Le Mémoire que cette lettre précède , et dont je sollicite l'admission dans votre *Revue* , n'avait pas été destiné à la publicité. J'ai longtemps reculé devant cette tentative. Veuillez donc me permettre quelques mots dans le but d'atténuer la témérité dont elle peut être taxée.

Soumettre ce Mémoire à des hommes spéciaux, pour chercher à attirer leur attention sur les grands avantages que présenterait l'emploi de navires en fer, était, quand je l'écrivis, ma seule intention ; et quand le succès obtenu par les Anglais en traversant l'Océan avec leurs navires à vapeur en bois, vint occuper les esprits, je m'adressai à un constructeur du Havre en grande réputation, et dont l'influence eût pu décider la question, lui demandant une conférence pour lui soumettre le résultat de mes études sur la construction de navires à vapeur en fer. Dans une réponse écrite (1), ce constructeur, avec lequel je n'avais et n'ai jamais eu aucun autre rapport, me déclara bien qu'il partageait mes opinions sur les avantages que présenteraient ces navires, surtout pour la navigation transatlantique ; mais il refusa la conférence demandée, donnant pour motif de son refus l'absence de données suffisantes sur les constructions dont je demandais à l'entretenir. Cette réponse établit de plus qu'avant la réception de ma lettre, ce constructeur n'avait pas encore réfléchi sur l'objet dont j'avais désiré l'entretenir.

Manquer de données et refuser d'entendre un homme qui, sans y mettre aucune condition, offre de faire connaître le résultat de longues études sur un objet sur lequel on n'a réfléchi que depuis quelques jours, me parut fort bizarre, et je dus m'abstenir de nouvelles tentatives près de la même personne.

Mais d'autres hommes spéciaux qui, eux, ont bien voulu examiner mes propositions, m'ont donné leur approbation.

Mais la rencontre de tels hommes, désintéressés dans la question et placés dans une situation où leur opinion soit d'une grande influence, est rare et difficile.

Mais mes prévisions sur l'extension rapide que sont appelées à prendre les constructions de navires en fer partout où elles auront été essayées, sont justifiées par ce qui se passe en Angleterre, où aujourd'hui ce ne sont plus seulement des navires à vapeur, mais bien des navires à voiles qui se construisent ainsi. Je me décide donc à abandonner la route que, dans le principe, je m'étais tracée.

Pour mes prévisions, quoique mon Mémoire n'ait pas été

---

(1) Elle porte la date du 29 mai 1838, ce qui constate que mon Mémoire est antérieur.

imprimé , il a dans le temps été communiqué à un certain nombre de mes concitoyens , parmi lesquels figurent des hommes marquants , et, de plus, un extrait en a été remis par le député du Havre (1) à la première commission que le Gouvernement avait chargée de l'examen des questions relatives à la navigation transatlantique par navires à vapeur. Cette circonstance ainsi que celle objet de la note du folio précédent en rendent donc la date authentique , et la réalisation de mes prévisions justifiera , j'espère, mon désir de la conserver.

Quant à ma position , quant au point où j'ai été placé pour l'examen des questions traitées dans mon Mémoire : fils d'un armateur , j'ai eu l'avantage , en surveillant les constructions de plusieurs navires , de me lier d'amitié avec le constructeur qui les faisait, et quand parurent les premiers chalands en fer, moi, dont l'étude de l'architecture navale avait toujours été la récréation favorite , moi qui déjà m'occupais , aidé des conseils de ce constructeur , conseils bien précieux vu son talent et sa grande expérience, qui m'occupais , dis-je , à rechercher des moyens de remédier aux défectuosités que présentent , dans bien des cas, les navires en bois, je portai toute mon attention sur la construction de ces bateaux. Bientôt j'aperçus les avantages immenses que présentent les navires en fer , et mes études , toujours soumises au constructeur auquel je suis lié d'amitié , mais qui depuis longtemps est entièrement retiré des affaires , m'ont de plus en plus convaincu de la réalité et de l'importance de ces avantages.

Tels sont, Monsieur , les motifs qui me décident à vous demander , pour le Mémoire où j'ai consigné les résultats de ces études , une place dans le recueil scientifique que vous publiez. Puisse ce résumé de longs travaux ne pas vous paraître indigne d'y être admis, et y trouver, ainsi que cette lettre dont je désirerais qu'il fût précédé, la place que je sollicite !

J'ai l'honneur, etc.

E. LAHURE.

Havre, 10 juin 1841.

---

(1) M. Mermillod, en 1839.

DES NAVIRES EN FER.

Les avantages à obtenir par ce genre de construction sont :

1° Augmentation considérable de solidité avec diminution de poids ;

2° Réduction de près de moitié dans le poids comparé à celui de navires en bois de formes et dimensions semblables ;

3° Augmentation de vitesse et de puissance pour résister aux tempêtes ;

4° Conservation de la vitesse première pendant toute la durée du navire ;

5° Augmentation de capacité , et telle que , pour les vapeurs, les cales (1) puissent être doubles de celles de navires en bois de formes et de dimensions semblables ;

6° Augmentation considérable de durée et réparations faciles ;

7° Diminution des chances de voie d'eau et possibilité de remédier, de l'intérieur du navire, à cet inconvénient s'il se présentait ;

8° Impossibilité d'incendie ;

9° Diminution dans le coût, surtout pour les grands navires à vapeur, si l'on compare, ainsi qu'on doit le faire , le prix de navires d'égale capacité ;

10° Faculté de donner aux navires toutes formes que ce puisse être ;

11° Faculté résultant de l'augmentation de solidité de donner des dimensions impossibles avec le bois ;

12° Surcroît d'augmentation de vitesse à obtenir par les formes et les dimensions impossibles avec le bois.

Etablir l'exactitude de ces énoncés est ce que je vais essayer de faire ,

Soit par les résultats directs de l'expérience , chaque fois que des antécédens semblables pourront être cités ;

Soit par les résultats d'expériences faites par moi-même , et dont j'offre le renouvellement (la meilleure des preuves qui puisse en être donnée) , et par des calculs fondés sur ces résul-

---

(1) Portion des navires destinée à contenir les chargements, et pour les longs voyages une grande partie du combustible.

tats ; soit enfin par des raisonnemens , en comparant avec les moyens que je propose les causes d'effets connus , et en déduisant les effets inconnus de ces moyens des effets connus de moyens analogues.

Les points que je n'établis que par ce dernier moyen, quoique bien certains, n'en sont pas moins dans une position toute autre que ceux dont l'exactitude est prouvée, soit par l'expérience, soit par des calculs positifs fondés sur des expériences faites et faciles à renouveler: aussi ai-je eu soin de séparer certains résultats qui, quoique d'une espèce analogue, sont dans une position bien différente les uns des autres, eu égard aux degrés d'authenticité. Sont de cette catégorie les avantages cités 12°, et , par les motifs donnés, tenus entièrement distincts de ceux cités 3°, bien que de la même espèce.

Désirant me rendre intelligible pour tous , j'ai évité , autant que je l'ai pu , les mots techniques inexpliqués et les formules algébriques , cherchant à remplacer celles-ci par des raisonnemens dont chacun pût apprécier l'exactitude. Cette règle que je m'étais imposée, je n'y ai manqué , je crois, qu'une seule fois: encore la formule que je n'ai pu éviter est-elle fort simple.

CHAPITRE PREMIER.

De la solidité et du poids des navires en fer et de l'augmentation de vitesse à obtenir par la diminution du poids de ces navires.

Prenant pour base des épaisseurs nécessaires à un navire en fer, les rapports connus de la force de cohésion du fer et du bois, une tôle de $0^m,01$ d'épaisseur produirait à peu près une solidité égale à celle d'une paroi en bois de chêne de $0^m,1$ d'épaisseur. Mais pour qu'il en fût ainsi , il faudrait que la paroi d'enveloppe qui forme le navire fût d'une seule pièce, ayant une force de cohésion égale en tous sens, et pour le bois ceci est bien loin d'être possible. Pour pouvoir faire apprécier la grande supériorité du fer, je dois donc d'abord appeler l'attention sur les défectuosités des constructions en bois, constructions auxquelles, malgré les graves inconvéniens qu'elles présentent, on accorde, comme à tant d'autres choses, toute confiance parce qu'on y est accoutumé.

La base des constructions en bois est, chacun le sait, l'application de planches dites bordages, ceintes, veigrages, etc., placées à peu près horizontalement, tant à l'extérieur qu'à l'intérieur, sur des poutres avec lesquelles elles se croisent à angles presque droits. Ces poutres forment les côtes des navires. On désigne ces côtes par le nom de membres ou couples, et elles sont composées chacune de plusieurs poutres placées bout à bout, mais réunies deux à deux et chevillées ensemble côte à côte. C'est par cet accouplement, et parce qu'on a toujours le soin de placer la fin d'une des poutres qui composent le membre et le commencement de la poutre qui entre dans la confection de la même moitié de ce membre, vers la moitié de la longueur de l'une des autres poutres avec laquelle sont accouplées les deux poutres réunies bout à bout, qu'on parvient à donner à la membrure les formes et les longueurs voulues, formes et longueurs qu'il est impossible d'obtenir d'une seule pièce.

Les chevilles qui réunissent les poutres formant un membre se désignent par le mot *goujons*. Elles contribuent si peu à augmenter la solidité, que plusieurs nations, et notamment les Anglais, n'en font presque pas usage. Ce à quoi les membres doivent réellement la force qui tient réunies les diverses poutres qui les composent, ce sont les bordages, veigrages, etc., planches plus ou moins épaisses qui les recouvrent. Ce sont ces planches qui, pressant intérieurement et extérieurement sur les poutres qu'elles recouvrent et avec lesquelles elles se croisent, prennent un point d'appui sur les autres poutres pour maintenir chacune d'elles séparément dans la position qui lui est assignée par les goujons.

Déjà il est évident que la force de ce système de charpente est bien loin d'égaler celle qu'aurait une paroi dont on serait venu à bout de faire une seule pièce, n'eût-elle que l'épaisseur des bordages ; cependant, cette portion des constructions en bois est la moins défectueuse : bien qu'il soit, je crois, incontestable que les tractions parallèles à leur longueur sont celles qu'éprouvent le plus fréquemment, et même presque continuellement, les navires, et peut-être celles dont les efforts sont les plus grands, c'est à ces tractions que la charpente des navires offre le moins de résistance.

Pour apprécier ces énoncés, qu'on suppose un navire divisé en tranches égales par des sections perpendiculaires à sa ligne de flottaison et à sa longueur.

Les extrémités de la partie immergée du navire n'ont qu'un développement très minime : les avants et les arrières des carènes étant toujours de formes plus ou moins aiguës, le poids total de la masse est donc supporté par les tranches du milieu, par ce que les marins appellent le bel du navire, et cependant les tranches des extrémités sont au moins aussi lourdes que les autres : si elles ont moins de développement sur les sections perpendiculaires à la longueur, elles enveloppent trois surfaces au lieu de deux, et, de plus, exigent de fortes pièces de charpente. *Mais puisque toute la masse est supportée par les tranches du milieu, l'effort résultant du poids de la masse quand le navire est flottant tend à produire raccourcissement de la partie inférieure ou allongement de la partie supérieure, ou l'un et l'autre. Donc les efforts auxquels la charpente doit résister se résument en résistance, pour la portion inférieure, à une pression, et,* POUR LA PORTION SUPÉRIEURE, A UNE TRACTION, *parallèles à longueur, surtout dans le milieu du navire où ces efforts sont les plus grands.* Donc est prouvée la première partie de mon énoncé.

Pour la résistance aux pressions, elle est parfaite ; mais pour la résistance aux tractions, « *sauf les effets du calfatage,* qui cependant n'est jamais considéré comme moyen de consolidation, » c'est presque entièrement sur les chevilles en bois et en métal qui fixent le bordage sur la membrure qu'opèrent ces tractions. En effet, la membrure est placée dans un plan à peu près perpendiculaire à la longueur, les bordages sont appliqués dessus transversalement, et chaque réunion des extrémités de deux bordages, dite à bout, se fait toujours sur un membre, seul point d'appui qui puisse lui être donné : ainsi, quand les tractions parallèles à la longueur se font sentir, elles tendent à éloigner l'une de l'autre les extrémités des bordages qui forment les abouts. C'est donc alors dans le sens le plus faible du bois, sur une des dimensions sur lesquelles il s'éclate, que ces tractions opèrent sur la membrure. Aussi n'est-ce en réalité que par la force que les bordages supérieur et inférieur à chaque about donnent à la membrure que celle-ci acquiert celle nécessaire pour résister aux tractions longitudinales. C'est donc, ainsi que je l'ai dit, sur les chevilles qui fixent le bordage, sur la membrure, et conséquemment celle-ci sur le bordage, qu'opèrent presque entièrement ces tractions. Et ces chevilles, quelle en est la force ? Celles en bois, les gournables, ont de $0^m,03$ à $0^m,04$ de diamètre, et d'ordinaire on en place deux sur chaque membre. Parfois, et chez les Anglais, ce nombre est doublé et porté à 4 : 2 sur chacun des points où chaque bordage se croise avec l'une des 2 poutres qui forment chaque membre. Pour les chevilles en métal, on n'en place ordinairemont qu'une à chaque extrémité de chaque bordage (1), et de $0^m,018$ à $0^m,03$ de diamètre suivant la grandeur du navire.

Enfin, mes énoncés sont prouvés par l'expérience. La nature des tractions dans lesquelles se résument les efforts qu'essuie le navire quand il fatigue et la défectuosité des agencemens pour résister à ces tractions, peuvent-elles être contestées, quand chacun sait que dès qu'un navire fatigue, *ce sont ses hauts qui cèdent d'abord* et ses abouts qui invariablement laissent, les premiers, échapper l'étoupe : l'étoupe qui, introduite à force dans tous les joints des navires en bois empêche seul que l'eau ne les envahisse ?

On voit donc combien les navires en bois sont loin d'avoir une solidité égale à celle que produirait une paroi extérieure devenue par les agencements une seule pièce ; et en fût-il ainsi, il resterait encore à ces constructions le désavantage du manque de force du bois sur deux des trois dimensions principales de tout solide, sur les deux sens sur lesquels le bois s'éclate. Aussi n'est-ce qu'à force de courbes et de ceintures composées de poutres énormes et placées intérieurement que l'on réussit, aux dépens de leur capacité, à donner aux navires de bois quelque solidité. Par contre, on doit entrevoir la solidité énorme qu'aurait un navire dont la paroi extérieure serait une masse réunie par des agencemens qui en feraient une seule pièce. Et si l'on note que ce n'est que sur *la force de résistance de pièces jointes par les mêmes moyens que le seraient toutes celles formant mon navire*, que la force de résistance de ce navire a été calculée, que dans mes expériences

---

(1) *Note de 1856.* Maintenant le nombre de ces chevilles est beaucoup augmenté.

ce sont les joints qui ont toujours manqué et jamais les tôles, on appréciera la valeur des résultats que j'ai à présenter : résultats qui pourtant paraîtront presque impossibles, habitué que l'on est à la faiblesse des constructions en bois.

Grâce à l'obligeance d'un fabricant de chaînes du Havre, M. David, j'ai pu rompre sur sa machine à éprouver les chaînes, et dès lors par des tractions connues et appréciées en kilogrammes, des tôles de $0^m,01$, épaisseur convenable, selon moi, pour un navire de 1,000 à 1,200 tonneaux. Ces tôles étaient réunies par un joint à deux rangs de rivets, que je crois préférable à tous ceux que j'ai vu employer jusqu'à présent, joint qui offre, outre la solidité et l'avantage de n'exiger aucune saillie sur la surface extérieure, une économie assez grande dans l'exécution (1) ; le joint était placé perpendiculairement au sens de la traction, et au milieu de la pièce de tôle qui la subissait, le sens du laminage de la tôle était aussi perpendiculaire aux tractions ; tout était donc disposé de manière que ce fût sur le sens qui offrait la moindre résistance qu'elles agissent.

Cette expérience faite à plusieurs reprises prouve que sur une largeur de $0^m,12$ (2), il faut que la traction subie excède 14,500 kil. pour qu'il y ait cession visible à l'œil nu. Quand j'ai rompu ces tôles, malgré les conséquences que pouvait produire le mouvement violent que l'élasticité du fer imprime au moment de la rupture aux extrémités disjointes, j'ai itérativement resté l'œil fixé et de très près sur le joint que j'éprouvais, et jamais je n'ai pu saisir de différence entre le moment de première cession et celui de rupture. La cession du joint était très minime et presque instantanée avec le déchirement de la tôle qui avait lieu entre les rivets de l'une ou de l'autre des deux rangées, et sous une traction de 14,700 à 15,000 kil. et plus ; ce qui donne pour force de résistance à une traction parallèle à la longueur de la seule tôle formant un des côtés d'un navire ayant 6 mètres de profondeur 736,000 kil., 736 tonneaux.

La coque d'un navire de 1,000 tonneaux, de dimensions exagé-

---

(1) Décrire ce joint sans figures serait fort long et difficile, je ne puis donc tenter ici de le faire. Voir l'appendice n° 1 de 1856.

(2) L'une des dimensions commandées par la disposition de mes rivets.

rées en longueur (de 81 mètres de long), construit en tôles de 0^m,01 réunies par les joints éprouvés, muni d'une membrure dont plus tard je donnerai les moyens d'apprécier la force en faisant connaître quelle portion du poids total est produit par cette membure, pèserait moins de 270,000 kil., pont, charpente, porte-roues, lisses, pavois, tambours, enfin toute la coque comprise.

Si l'on recherche, par un calcul basé sur les puissances du levier, quelle force de résistance à une traction parallèle à la longueur est nécessaire pour qu'un tel navire puisse rester suspendu sur la section transversale et perpendiculaire à la longueur, passant par le centre de gravité, on arrive à une formule

$$R = \frac{P\,L}{4\,H}$$

R, désignant la résistance nécessaire ;

P, le poids du navire ;

L, la longueur de dito ;

H, la profondeur ou la hauteur.

Cette formule donne pour force nécessaire de R, pour le navire de 6 mètres de profondeur sur 81 de longueur et pesant 270 tonneaux, une force = à....................kil. 911,250 mais la force prouvée par des expériences faites et faciles à renouveler est pour la seule tôle des deux côtés du navire, et charpente non comprise, = à.. 1,472,000 (1)

La force de résistance nécessaire pour que la coque du navire pût, sans céder, être suspendue sur la section du milieu, serait donc excédée de plus de moitié par la seule force de cohésion de la tôle, en formant les deux côtés, et il y aurait à ajouter l'augmentation de résistance que produiraient la charpente intérieure, le *pont*, les fonds. Mais à quoi bon aller plus loin ! La force

---

(1) *Note ajoutée en 1856*. Les enseignemens que fournit l'emploi, si considérable aujourd'hui, de navires en tôle, enlèvent à ces évaluations la meilleure partie de l'intérêt qu'elles présentaient : car l'expérience a révélé, dans les parois en tôle, une disposition à s'onduler exigeant des épaisseurs qui *quadruplent* celles que réclameraient le maximum des efforts que les tôles et leurs joints peuvent avoir à subir dans un navire, en mer.

Ces évaluations ont cependant encore une utilité : elles prouvent qu'à moins de vices radicaux dans leur construction, la force des navires en tôle, des épaisseurs relatives adoptées maintenant, excède beaucoup la limite extrême des exigences de la solidité, et qu'augmenter encore ces épaisseurs serait une faute très grave, surtout pour les navires destinés à atteindre de grandes vitesses, chez lesquels la réduction du poids est un besoin aussi urgent que celui d'une solidité parfaite.

des navires en bois n'est-elle pas reconnue suffisante, et qu'ai-je
à ajouter quand j'ai prouvé qu'elle serait de beaucoup excédée,
même dans un navire de fer de 81 mètres, comparé à un de bois
de 40 mètres? Car ce n'est pas un navire de bois de 80 mètres
sur 6 de profondeur que je comparerai au mien, mais bien un
navire de dimensions ordinaires, soit de 40 mètres de longueur
sur la profondeur indiquée pour le mien 6 mètres. Et chacun ne
sait-il pas que, soumis à l'épreuve proposée, ce navire se rom-
prait entièrement ; que nos navires sont si loin d'être suscepti-
bles d'une telle épreuve que, quand on les lance, alors donc
qu'ils sont absolument neufs, ils subissent toutes les inflexions
des chemins qu'ils parcourent; que, si le terrain qui porte ces
chemins vient à fléchir, comme ce n'est que trop souvent le cas,
ils fléchissent de même?

Toutefois, pour la solidité des navires en fer, il est une observation bien importante que je crois avoir été inaperçue par les
constructeurs des chalands et bateaux que j'ai vus jusqu'à présent : *c'est le grand avantage que présente l'emploi* DE LA FORCE DE
LA PAROI EXTÉRIEURE *prise comme* MOYEN PRINCIPAL DE CONSOLIDA-
TION. *Et n'est-il pas évident que ce moyen de consolidation* EST PRÉ-
FÉRABLE A TOUT AUTRE, *puisque c'est sur l'extrémité du levier présentant la plus grande résistance qu'il opère ?* L'ordre d'idées qui m'a
conduit à cette observation, c'est la recherche des formes à donner à des tôles pour en faire des carlingues, afin de remplacer
les énormes poutres en bois de chêne qui composent ces pièces.
Ce sont ces recherches, qui, tout en me procurant, je crois, le
résultat que je cherchais, m'ont en même temps conduit à l'observation de cette grande vérité, que mon navire entier formerait
lui-même une carlingue véritable et d'une force énorme, vu ses
dimensions de largeur et de profondeur, dimensions qui sont
immenses, comparées aux plus grandes qui puissent être données
à des carlingues : *aussi, ma charpente intérieure est-elle disposée
toute dans le but de maintenir transversalement la paroi extérieure
dans sa forme primitive. Sans doute, cette charpente contribuerait
beaucoup à augmenter la force de la paroi extérieure pour résister
aux tractions longitudinales, puisque dans mon système les joints longitudinaux se composent de bandes de fer sur lesquelles les tôles qui
forment le navire sont rivées, et que la surface des coupes de ces ban-*

des de fer que j'appelle plaques des joints horizontaux , est plus que le quart de celle de la coupe de la paroï extérieure ; mais ce résultat n'est qu'une conséquence nécessaire et non recherchée. Le but essentiel , le but principal de la charpente intérieure est le maintien des coupes verticales dans les formes primitives , parce que , ce résultat obtenu, toutes flexions du navire autres que celles résultant de l'élasticité du fer et dont je vais parler, deviennent impossibles.

J'ai dit que le navire en fer pourrait être suspendu par son milieu sans céder ; ceci exige quelques observations. Sans doute, dans ce cas , les extrémités du navire s'abaisseraient quelque peu , mais il n'y aurait pas pour cela cession d'aucuns joints. Cet abaissement des extrémités ne serait le résultat que de l'élasticité du fer , et, dès que l'épreuve à laquelle aurait été soumis le navire aurait cessé, la flexion disparaîtrait. Deux observations me paraissent rendre cette opinion incontestable :

1° Dans mes expériences , la force des joints a été éprouvée, et pas un n'a cédé au-dessous des pressions indiquées, du moins d'une manière visible à l'œil nu ; or, la quantité dont aurait fléchi mon joint ne serait, d'après la formule des résistances, multipliée que par 6 2/3 pour égaler ce que cette flexion produirait d'arc sur la longueur totale ; d'où il résulte que quand même quelques-uns des joints placés vers la demi-longueur, lesquels subissent les plus fortes tractions, fléchiraient de $0^m,0005$, ce qui certes eût été bien visible à l'œil nu dans les expériences, cette cession ne donnerait sur la longueur totale que $0^m,003$ 1/3, ce qui serait imperceptible sur 80 mètres ;

2° J'ai observé les joints de chaudières à vapeur qui avaient fait explosion, et j'ai trouvé ces joints intacts. Pourtant des joints du système ordinaire, essayés comme les miens , ont cédé sans déchirement des tôles. Il est donc incontestable que la seule cession qui se produirait serait celle résultant de l'élasticité du fer.

Ici doit se trouver une observation bien importante sur la distinction à faire entre les effets de l'élasticité et ceux que produit la cession des pièces dont la réunion compose un navire en bois, cession que les défenseurs des constructions en bois n'ont pas craint de citer comme un avantage en la décorant du faux nom d'élasticité.

Pour faire sentir la différence entre ces deux effets confondus, j'aurai recours à un exemple : qu'on suppose une pièce de bois d'une dimension donnée, soit de 10 mètres de long et de $0^m,04$ sur $0^m,04$, engagée par une de ses extrémités dans un vide de $0^m,1$ de profondeur, et de la dimension désignée $0^m,04$ sur $0^m,04$, celle de la pièce. Ce vide, cette mortaise en terme de charpentier, existant sur une pièce en bois maintenue parfaitement immobile , la mortaise placée dans une position telle que la pièce de 10, introduite dedans, se trouve dans une position horizontale..

Si l'on fait subir, sur l'extrémité opposée à celle introduite dans la mortaise, à la pièce de 10 mètres , une pression qui courbe cette pièce, il est évident que , cette pression enlevée , la pièce reprendra à peu près sa forme première ; voilà l'effet de l'élasticité ; mais la position première , la position horizontale , cette pièce la reprendra-t-elle complétement ? jamais. Le bois se sera écrasé aux points de contact : à ces points, la pièce sera diminuée et la mortaise augmentée. La pièce pourra donc jouer dans la cavité que d'abord elle remplissait complétement. C'est cet effet qui se produit chaque fois que le bois a une forte pression à subir, qui occasionne ce jeu de toutes leurs parties dans les navires en bois, jeu que les marins appellent le *maniement* des navires. Et c'est un tel inconvénient, auquel on ne remédie, tant bien que mal « qu'au moyen de la tension énorme que produit le *calfatage*, » que l'on présente comme un avantage en le décorant du faux nom d'élasticité.

Enfin , pour faire apprécier l'incroyable solidité du navire en fer, l'on devra noter que l'entière paroi extérieure de $0^m,1$, dont les deux côtés produisent seuls une résistance égale à 1 1/2 fois le poids total augmenté suivant les exigences de la puissance du levier, ne figure, d'après devis détaillé , que pour 110,000 kilog. dans le poids total de la coque qui est 270,000 kilog., et que des 160,000 kilog. restant, plus de la moitié est le poids d'une charpente en fer qui augmente encore considérablement la solidité , puisque je n'en ai tenu aucun compte dans mes évaluations des résistances , tandis que le poids en est compris dans mon devis.

A ces démonstrations, qui établissent bien la supériorité de solidité des navires en fer, viennent se joindre les résultats directs de l'expérience. Le Havre possède plusieurs chalands ou

bateaux à vapeur en fer qui depuis seize ou dix-sept ans supportent les échouages si fatigants de la Seine et de l'avant-port du
Havre, les mers souvent fort dures de la sortie du Havre, et le
tout presque continuellement avec des cargaisons écrasantes et
tellement lourdes, que la plupart du temps l'eau est presque au
niveau du pont de ces navires. Ces navires ont des dimensions
tout à fait contraires à la solidité. Ils sont très longs, peu larges
et très peu profonds. De plus, c'est de tôles assez peu épaisses
qu'ils sont faits, et ces navires n'ont pas d'arc. Ils sont encore
ce qu'ils étaient le premier jour; plus loin sera fournie la preuve
de cet énoncé.

Tout ceci est bien long, mais la supériorité de solidité est la
base de mon système. Je ne devais donc rien négliger de ce qui
pouvait contribuer à la prouver, et cependant j'aurais encore
beaucoup à dire.

Pour le poids, peu de mots suffiront pour corroborer ce que
j'ai avancé. Un prisme en tôle de $0^m,1$ des dimensions que j'ai
adoptées pour mon navire, et dont les extrémités seraient rec-
tangulaires, pèserait de 122,000 à 123,000 kilog.; chacun peut
vérifier ce calcul. Or, je porte, suivant devis détaillé, 110,000
kilog. pour cet objet. Il est bien évident que les formes aiguës
de l'avant et de l'arrière, quelque peu qu'elles le fussent, produiraient une diminution beaucoup plus grande que 11 p. 0/0;
mais dans mon devis, sur tous les points, j'ai exagéré, dans le
sens opposé au but que je recherche (1); mon navire pèserait
donc moins de 270 tonneaux à la mise à l'eau, et tirerait moins
de $1^m,20$, compris $0^m,3$ de quille, tandis que tous nos grands navires à vapeur n'ont pas tiré au lançage moins de $1^m,7$ à 2 mètres,
avec même hauteur de quille; leur poids a donc varié de 260 à
300 tonneaux, et ils sont moitié moins grands que le navire que
je projette.

La diminution de poids avec solidité supérieure est donc prouvée, et dès lors la supériorité de vitesse l'est aussi, car la résistance à la force des machines se résume en poids. De deux

______

(1) Sans doute il eût été beaucoup plus facile d'opérer sur un plan adopté; mais
j'eusse craint, en agissant ainsi, d'éveiller les susceptibilités des constructeurs, et
de paraître vouloir imposer des formes. Tel est le motif pour lequel je n'ai voulu en
aucune occasion faire usage de mes plans d'exécution, mon système de construction
pouvant s'appliquer à toutes les formes, quelles qu'elles puissent être.

machines semblables placées sur deux navires, l'un en fer, l'autre en bois, et de formes et de dimensions identiques, l'une aura à déplacer en moins la différence de poids entre les deux coques, elle aura donc à vaincre une résistance moindre. Le navire le plus léger ira donc plus vite. Calculer exactement quelle sera cette augmentation de vitesse n'est pas, que je sache, chose possible avec les connaissances acquises; mais raisonnant par analogie, les résultats déjà obtenus par nos vapeurs donnent à peu près la certitude que, même sans admettre le surcroît de vitesse que la solidité des navires en fer permettrait d'obtenir par des dimensions impossibles avec le bois, on obtiendrait des traversées de New-York au Havre de dix à douze jours, seulement par la différence de pesanteur des coques. Nos beaux navires, le *Phénix*, l'*Amsterdam*, le *Tage*, le *Rotterdam*, le *Castor*, le *Pollux*, n'ont-ils pas des vitesses, sinon supérieures, au moins égales à ce que les Anglais ont obtenu de mieux en navires destinés pour la mer, avec des dimensions beaucoup plus grandes et des machines proportionnées à ces dimensions? Et cependant plus les navires sont grands, plus les vitesses sont grandes. Cet effet est trop bien connu pour rien dire dans le but de le prouver.

Enfin, pour la supériorité de vitesse que procure le fer, l'expérience directe vient encore prouver la vérité de cet énoncé; un exemple bien frappant s'en présente dans la navigation de la Seine.

La *Ville-de-Paris*, navire en bois qui fait le service entre Rouen et Paris (le Pecq), a été construit par un homme de premier talent, et qui savait combien la vitesse était nécessaire à ce navire; tout a été mis en œuvre pour le rendre aussi vite que possible, et comme il n'était destiné à naviguer que sur une eau toujours unie, on a pu lui donner et on lui a donné des dimensions et une légèreté qui, certes, auraient été impossibles s'il eût dû subir les oscillations de la mer, même dans un temps modéré. Ce navire, après un essai de plusieurs mois, a été ramené dans les chantiers de son constructeur et retravaillé. Tout ce qui était possible a donc été fait pour en augmenter la vitesse, et cependant, les navires en fer ont, sur celui-ci, un avantage énorme. La vitesse en est près d'un tiers plus grande.

Partout les navires en fer ont, sur ceux en bois, la même ou une plus grande supériorité ; mais c'est parce que la comparaison, dans le cas cité, porte sur un navire en bois dans les conditions les plus favorables, que je l'ai choisie ; et, je le répéterai encore pour qu'on le note bien, sur mer l'avantage du fer sera plus grand, puisque pour la mer il est impossible de faire des constructions aussi peu solides que pour les rivières.

La supériorité de vitesse des navires en fer est donc démontrée, et pour les paquebots transatlantiques la vitesse est la première des conditions. Si avec des vapeurs en fer on allait en douze jours à New-York, et que l'on en revînt en dix, où en seraient les concurrens avec leurs navires de bois ?

Les points traités par ce premier chapitre sont la base de tout le système. Les énoncés dont il fait la preuve reconnus exacts, tout le reste en est la déduction naturelle. Ce que j'ai maintenant à traiter est donc d'une importance secondaire, et exigera peu de développement, sauf cependant l'énoncé. 12°.

CHAPITRE DEUXIÈME.

Conservation de la vitesse première pendant toute la durée des navires ; augmentation de capacité et de durée ; impossibilité d'incendie et faculté de donner toutes formes ; enfin, diminution des craintes de voie d'eau et faculté d'y remédier.

Quelle peut être la cause de la diminution de vitesse qui s'observe, non-seulement dans ceux à vapeur, mais bien dans tous les navires, en général, après quelque temps de navigation ? L'augmentation de poids et le changement dans les formes, telles sont les seules causes auxquelles peut être attribué cet effet qui même ne peut guère être occasionné que par la première des causes signalées ; si la seconde y contribue, c'est pour si peu, qu'il n'y aurait presque pas lieu à s'en occuper. Cependant, pour les changemens de forme, ce que j'ai dit prouve combien ils sont peu à craindre avec le fer. Quant à l'augmentation de poids, elle est aussi impossible avec le fer qu'inévitable avec le bois.

Pour l'augmentation de capacité :

Elle résulte évidemment de la différence des épaisseurs de cette enveloppe qui compose le navire , de ce que l'on appelle la muraille, qui, dans les navires en bois, varie de $0^m,3$ à $0^m,55$, suivant les dimensions de grandeur.

Cette épaisseur des navires en bois, même sans tenir compte des charpentes intérieures, réduit leur capacité, comparativement à leur volume extérieur, dans un rapport qui n'est pas moindre que de 80 à 100, et qui même souvent est de 75 à 100 ; dans les navires en fer, ce rapport sera au moins de 96 à 100. Mais, dans les vapeurs, les machines et les chambres, même de dimensions ordinaires, absorbent 60 p. 0/0, et plus , de toute la capacité intérieure. Le reste sera donc, dans les navires en fer, double de celui des navires en bois.

Pour la durée : l'expérience directe est faite ; vérifier les faits, ouvrir les yeux est ce qui reste à faire. Les chalands en fer que notre port possède, qui depuis seize ou dix-sept ans font la navigation la plus fatigante, sont encore absolument neufs. Des discussions soumises au jugement de notre tribunal viennent de provoquer des expertises faites sur l'ordre de ce tribunal, et par des hommes de son choix, et elles ont eu pour résultat la reconnaissance que les tôles, ainsi que les diverses pièces qui composent ces navires, n'ont éprouvé aucune diminution sensible. (Telle est la preuve que j'avais annoncée devoir être donnée des faits y énoncés.) Et cependant, quels assauts ces navires n'ont-ils pas soufferts !

L'un d'eux ne fut-il pas, il y a quelques années, pris comme seul moyen de salut par un navire, la *Cérès* , qui, entrant dans une tempête horrible, après avoir cassé tous les câbles employés pour l'arrêter , vint tomber sur le travers du bateau en fer la *Seine* ? Grâce à l'élasticité de ce bateau, la *Cérès* évita de s'enfondrer. Si un navire en bois avait été à la place du bateau en fer, il eût été broyé, et probablement la *Cérès* bien gravement avariée. La *Seine* fut coulée, il est vrai ; mais que furent ses avaries ? quelques rivets arrachés et quelques tôles ployées qui, redressées dès la marée suivante, mirent le bateau à même d'être renfloué, et, peu de jours après, il reprenait sa navigation, aussi solide qu'auparavant. Ainsi, outre la durée énorme, et dont il est dif-

ficile d'apprécier la longueur surtout pour des tôles de 0ᵐ, 01 ,
est prouvée la facilité de réparer.

Pour la diminution des chances de voie d'eau : un simple examen du mode de réunion des feuilles de tôle en fournira la preuve.
Les rivets qui réunissent les tôles sont dans une direction perpendiculaire à la surface de ces tôles : quand il y a traction, si
quelque cession avait lieu, les rivets tendraient à dévier de la
perpendiculaire, donc à rapprocher les tôles qu'ils réunissent :
effet qui est exactement inverse de celui que les tractions produisent sur les coutures dans les navires en bois ; voir à cet égard
le premier chapitre. Ici, au reste, l'expérience vient encore confirmer mon énoncé ; car, à bord de nos navires en fer, les pompes
sont à peu près inutiles. De plus , il serait très facile d'isoler
toutes les parties du navire que les machines et chaudières ren-
draient inaccessibles de l'intérieur. Il est donc évident que, dans
des cas graves, en sacrifiant le chargement, ou même peut-être
seulement en le déplaçant, on pourrait rendre accessible de
l'intérieur les points où des voies d'eau se seraient déclarées,
points dont la position est moins difficile à découvrir dans les
navires à vapeur que dans les autres, l'eau qui s'introduit dans
leur coque, par la manière dont elle pénètre dans l'emplacement
des machines, indiquant déjà si c'est à la partie d'avant ou
à celle d'arrière qu'existe la voie d'eau. Qu'on n'aille pas
croire que la même possibilité d'étancher de l'intérieur une voie
d'eau dont la position est connue, existe dans les navires en bois.
Le veigrage (planches qui recouvrent intérieurement la membrure) rend l'opération impossible ; mais, eût-on enlevé le veigrage, l'impossibilité subsisterait encore. Ce sont à peu près invariablement les abouts qui, ainsi que je l'ai dit, donnent les
premières voies d'eau, quand elles sont occasionnées par le maniement du navire, et l'about est toujours placé sur un membre ;
dès lors il est entièrement inaccessible de l'intérieur.

L'impossibilité d'incendie résulte évidemment de la nature de
la construction du navire : dans mon système, le pont serait seul
en bois. De plus , quand même on croirait devoir employer des
carlingues en bois, ces pièces, toujours placées au fond du navire, sont inévitablement plongées dans l'eau que contient le

fond de tous les navires, et surtout des navires à vapeur, dans lesquels on maintient toujours de l'eau pour éteindre les restes incandescents des charbons consumés que laissent presque continuellement échapper les grilles des foyers.

La faculté de donner aux navires en fer telle forme que ce puisse être, résulte de l'avantage qu'a le fer d'offrir une résistance presque égale sur toutes les dimensions ; et certes cette faculté est bien incontestable, puisque c'est sur la dimension sur laquelle la force du fer est la moins grande qu'ont été et seraient faites les expériences sur lesquelles je calcule la plus grande force offerte par mon système de construction.

Quant aux prix, je n'établirai pas de comparaison entre ceux réclamés par un prospectus qu'a lancé dernièrement une maison du Havre pour l'établissement de paquebots à vapeur entre cette ville et New-York. Dans ce prospectus, il est réclamé pour le coût d'une coque, 500,000 fr. ; mais ce prix est exagéré, puisque, par deux calculs basés sur des données tout à fait différentes, je suis arrivé à un même résultat : à trouver qu'une coque en fer, capable de porter, avec ses machines de 400 chevaux, 600 tonneaux de charbon, quantité requise pour le trajet à faire, et 400 tonneaux de marchandises en sus des chambres occupant tous ses hauts de l'avant à l'arrière, coûterait moins de 300,000 fr. ; et si 500,000 fr. sont un prix exagéré, bien certainement une bonne coque en bois, d'égale contenance, ne pourrait jamais être bâtie pour le même prix que celle en fer.

Les deux calculs faits pour connaître le prix de la coque en fer sont : l'un la récapitulation de tout le matériel employé, du déficit sur ce matériel, et de la main-d'œuvre nécessaire, le tout apprécié au maximum ; l'autre, l'application au poids du navire du prix auquel les constructeurs de chaudières de machines à vapeur vendent ces appareils tout faits, et ce dernier calcul donne à peu près exactement en moins ce que j'ai exagéré dans le premier, dont toutefois le résultat n'est que 292,000 fr.

CHAPITRE TROISIÈME.

Du surcroît de vitesse qui pourrait être obtenu par des dimensions, qui ne sont possibles que par suite de la supériorité de solidité des constructions en fer et de la possibilité de formes impossibles avec le bois.

La solidité des constructions en fer permettra d'augmenter beaucoup la longueur relative des navires.

Je pense qu'avec de 8ᵐ,3 à 8ᵐ,5 de large, sur de 6,3 à 6,5 de profondeur (bordé), on devrait donner au navire projeté 81 mètres de long. C'est sur ces dimensions, c'est-à-dire sur 6 mètres de profondeur seulement, que sont faits les calculs relatifs à la solidité dont j'ai présenté le résultat dans le premier chapitre , folio 27.

De ces dimensions, celle de largeur excède celle des vapeurs les plus larges du Havre d'environ 1 mètre. Ce n'est donc que comparativement à la longueur qu'elle est minime. En effet, nos navires à vapeur de 50 à 55 mètres ont 7 mètres à 7ᵐ,5 de largeur.

Pour la profondeur, le besoin de stabilité exige toujours qu'elle soit à peu près proportionnée à la largeur ; toutefois, je pense que cette dimension devrait être augmentée autant que faire se pourrait, sans sortir des limites résultant de l'exigence que je viens de signaler, et les dimensions proposées de 6,3 à 6,5 sont basées sur ce système.

La dimension de largeur est donc la plus réduite, comparativement à celle de longueur ; mais, eu égard à la stabilité dont je vais m'occuper, je ne puis négliger la dimension de profondeur. Je ferai remarquer que dans bien des navires américains le rapport de la profondeur à la largeur est souvent égal et parfois supérieur à celui de 6,3, et même de 6,5 à 8,3. Pour la largeur, 8,3 est celle des navires marchands , à voiles, d'environ 350 tonneaux. Or, l'élévation de la mâture de ces navires varie de 28 à 30 mètres ; celle de notre navire l'égalerait à peine, mais la longueur de notre navire serait plus que double de celle de ces navires à voiles. On peut donc se rendre facilement compte de la force comparative de résistance de notre navire aux pressions latérales sur sa mâture.

Qu'on suppose deux navires à voiles des dimensions désignées placés parallèlement et sur une même ligne, une extrémité touchant l'autre.

Tout le monde concevra que la force de stabilité de notre navire excédera celle des deux pris pour terme de comparaison, puisque leurs longueurs réunies feraient à peine 66 mètres, et que notre navire est plus long d'un quart. Or, les surfaces véliques du navire projeté seront à peine égales à celles d'un seul des deux navires à voiles.

Sous le point de la stabilité, la question qui m'occupe est donc résolue.

De plus, la stabilité de nos bateaux sera, par bien des causes, plus grande que celle des navires à voiles : les machines formeront un lest permanent; la grandeur des chambres reportera dans les fonds les marchandises chargées à bord, tandis que les navires de commerce à voiles sont souvent entièrement remplis de marchandises de même nature, et presque toujours, quand ces marchandises ne sont pas par trop légères, sans aucun lest.

L'avantage offert par le fer de prendre sans inconvénient toute forme que ce soit permettra de donner à nos fonds des formes qui en augmentent encore la stabilité; mais la démonstration mathématique de cet énoncé m'entraînerait dans des calculs qui ne doivent pas trouver place ici. J'arriverai au même résultat en faisant remarquer que les avantages qu'a obtenus la marine marchande américaine pour la capacité relative de ses navires ne sont dus qu'aux formes invariablement adoptées par cette marine pour les fonds de ses navires. Chez les Américains, les sections verticales et perpendiculaires à la longueur dans le bel des navires présentent toujours pour les fonds un triangle plus ou moins obtus, bien entendu, toujours obtus, surmonté d'un rectangle, le triangle ayant les deux côtés formant l'angle obtus égaux en longueur, et le troisième côté égal à la longueur du côté inférieur du rectangle. Cette figure est à peu près celle que présente l'extrémité d'une maison très basse et du pignon destiné à en porter le toit, mais renversée, le pignon placé en-dessous.

Les angles formés par l'intersection des côtés du navire, avec les plans inclinés formant le triangle inférieur, aussi peu arrondis que le permettent les charpentes en bois.

C'est par l'augmentation de stabilité qu'ont procurée ces formes qu'a été obtenue la possibilité d'augmenter, autant que l'ont fait les Américains, la profondeur, et conséquemment la contenance relative des navires.

Or, le fer permet, non pas seulement l'adoption de ces formes très dispendieuses avec le bois, vu la quantité de courbes qu'elles exigent, mais encore d'aller au-delà du possible avec le bois, c'est-à-dire de faire les angles formés par les points où le fond du navire se réunit à son côté à carres presques vives, et par ce moyen d'augmenter encore la stabilité, et, par suite, de porter même au-delà de mes indications la profondeur relative ; circonstance bien importante, puisque, augmenter la profondeur, c'est *augmenter la solidité* ET DIMINUER LES CHANCES DE MAUVAIS COUPS DE MER.

Mais, alors même qu'on n'admettrait pas l'exactitude de ces raisonnemens, je voulais démontrer qu'avec la largeur proposée on obtiendrait toute la stabilité nécessaire. J'ai démontré qu'elle serait plus que double de celle reconnue par l'expérience suffisante aux navires à voiles, qui ont bien plus besoin de cette force que ceux à vapeur ; je crois donc n'avoir rien à ajouter.

Avec les dimensions que je propose, le gouvernail aura-t-il une puissance suffisante ?

Ainsi que je l'ai dit, ma dimension de largeur 8,3 exige une réduction importante dans la profondeur comparée à la longueur du navire, et la surface du gouvernail est toujours à peu près proportionnée à la profondeur. Cette dimension fixe la longueur de cet appareil, dont la largeur ne pourrait être beaucoup augmentée sans nuire à la solidité, ou sans augmenter beaucoup ses épaisseurs.

1º Observons que, la dimension de profondeur se trouvant augmentée, le navire subit dans toute sa longueur la même augmentation que le gouvernail.

L'augmentation de puissance de cet appareil est donc loin d'être tout en plus.

2º Que le tirant d'eau de notre navire devra être 4,40 à 4,50, tandis que ce tirant d'eau ne serait, copiant les constructions en bois des Anglais aussi longues que ce navire, que de 17 pieds anglais = 5,18, et qu'avec safran de gouvernail, égal en lar-

geur, le rapport de surface des gouvernails est celui de 1,15 à
1, soit chez les Anglais 15 p. 0/0 seulement de plus que le nôtre;
qu'ainsi, quand il aura été déduit de cet avantage l'augmentation de résistance produite par l'augmentation de tirant d'eau,
il ne restera plus de différence.

N'y aurait-il pas même avantage du côté des dimensions que
je propose, puisque l'augmentation de la profondeur nécessitant
celle de la largeur, l'augmentation de la masse qu'elle produit
dans la carène est plus grande que l'augmentation de la surface
du gouvernail? L'augmentation du gouvernail n'est que le produit de deux dimensions, tandis que celle de la carène est celui
de trois.

Examinons maintenant quelles lumières pourront être obtenues sur la question par les résultats connus que donnent les
navires que nous possédons. Il est incontestable que ces navires
de 55 à 60 mètres de longueur et d'un tirant d'eau de 3 mètres
à 3^m,5, ainsi bien moindre que celui que je propose, obéissent
à leur gouvernail avec une précision parfaite; cependant, la
longueur de ces navires, l'*Amsterdam*, le *Phénix*, le *Tage*, le
Paris, et surtout le *Castor* et le *Pollux*, comparée à leur tirant
d'eau et à celui des navires à voiles, aussi bien qu'à la longueur
de ces derniers, est beaucoup plus considérable que ne le serait
celle que je propose, comparée à la leur; et s'il y a une différence entre ces navires et leurs devanciers pour les effets du gouvernail, elle est en faveur de ces navires, si longs comparativement à ce qui avait été fait avant eux.

Enfin, jetons un coup d'œil sur les effets du gouvernail : ex-
pliquons comment il opère; l'examen des bases de sa puissance
fera comprendre pourquoi la différence d'effet sur un navire plus
ou moins long n'est pas à beaucoup près ce qu'on serait porté à
la croire.

Le gouvernail est placé à l'arrière du navire, et il semble que
ce soit sur l'avant qu'il opère, que ce soit cette partie qu'il déplace. S'il en était ainsi, la force de résistance serait considérablement augmentée par la plus grande longueur du navire, et
diminuerait en effet la puissance du gouvernail à un degré tel
qu'il pourrait bien avoir peu d'effet. Mais ce n'est pas l'avant
que déplace le gouvernail, c'est l'arrière. C'est en portant cette

portion vers la gauche que l'avant se trouve dirigé vers la droite, *et vice versâ*, et c'est à l'extrémité de la masse qu'il met en mouvement que se trouve le gouvernail. C'est donc sur l'extrémité qui fait le grand mouvement qu'il opère.

Cependant la verticale sur laquelle pivote le navire n'est pas à l'extrémité de l'avant, pas plus qu'à l'extrémité de l'arrière. Les résistances du fluide sur le côté déplacé du navire en forcent une partie à céder, et la ligne qui forme l'axe sur lequel le navire exerce son mouvement de rotation (abstraction faite du mouvement d'arrière en avant, et sauf les variations résultant des formes de la carène) est placée à peu près au tiers de la longueur totale, à partir de l'avant. Mais ceci ne change rien aux énoncés qui précèdent ; il en résulte seulement qu'une portion de la masse se déplace en sens opposé, ce qui donne le même résultat pour la question que je traite.

Sans doute, un navire de 80 mètres ne revirera pas en aussi peu de temps ni dans le même espace qu'un de 40 ; mais telle n'est pas la question, puisque, malgré cette différence inévitable, des navires de la longueur proposée existent et naviguent parfaitement.

La diminution de profondeur affaiblira-t-elle les effets du gouvernail ? telle était la question réelle, et ce qui précède y répond.

L'insuffisance du gouvernail ne peut donc être un obstacle aux grandes dimensions comparatives de longueur ; mais cet inconvénient existât-il, il n'aurait encore d'autre conséquence que de forcer à élargir le safran du gouvernail, et conséquemment à augmenter le volume de cet appareil, pour lui conserver la solidité requise.

Après avoir cherché à prouver que les dimensions proposées de largeur et de profondeur du navire seraient suffisantes, je jetterai un coup d'œil sur les avantages qui seraient obtenus par la réduction de largeur.

Augmentation de vitesse. Ceci est une vérité sur laquelle il n'y a pas un mot à dire ; personne n'oserait la contester ; elle est prouvée par l'expérience.

Mais j'ai dit avantage pour résister aux tempêtes : il faut établir cet énoncé.

Si nous examinons les moyens par lesquels les navires à vapeur se défendent contre les tempêtes, nous trouverons que leur pouvoir de faire tête au vent et à la mer, c'est-à-dire de se tenir l'avant dans la direction des vagues, en est la base fondamentale; que cette faculté est un avantage tel que, seul, il leur donne dans les mauvais temps une supériorité très grande sur les navires à voiles. Cet avantage, par quoi leur est-il procuré ? par la puissance du gouvernail; et le gouvernail, où la prend-il sa puissance? sur le passage du fluide sur ses parois. C'est son seul point d'appui : dès que le navire ne marche plus, le gouvernail cesse d'avoir aucun effet. Mais moins le navire est large, moins il recueille de vent, la puissance du vent est proportionnée à la surface qui lui est opposée. Il est donc évident que, sur un navire qui, avec ses roues, ne présentera qu'une largeur de 15,8, le vent exercera une pression moindre que sur une de 21 à 22, si les hauteurs sont les mêmes.

Plus tard, on le verra, les hauteurs des roues de mon navire et de leurs tambours seront inférieures à celle des navires en bois des Anglais; et, puisque la diminution de largeur de mon navire, en donnant au vent moins de prise, le met, à puissance égale avec les autres bateaux, dans le cas de marcher et de gouverner encore quand ceux-ci ne le pourront plus, il aura donc sur eux, comme je l'ai annoncé, un grand avantage pour résister aux tempêtes.

Il est une autre cause qui vaudra à mon navire de conserver l'avantage de pouvoir faire plus qu'aucun autre tête au vent et à la mer.

Le point d'impulsion des navires à vapeur est, sans aucun doute, le milieu de l'axe des roues. C'est cet axe qui transmet la puissance motrice. Vu la grande longueur du bateau, cet axe pourra sans inconvénient être placé plus près de l'avant que de l'arrière; et, à l'aide de ce point d'appui ainsi placé, arrivât-il que la puissance du vent, quoique s'exerçant sur une surface bien diminuée, égalât celle de la machine, le bateau vînt-il même à ne plus pouvoir avancer, l'arrière opérerait encore comme une girouette, et maintiendrait le navire tête au vent.

Mais ne craindra-t-on pas que, vu la grande longueur, le navire ne s'élève pas bien sur la lame ?

D'abord , ce n'est que comparativement à la largeur que la longueur de mon navire serait excessive : bien des constructions navales ont atteint cette longueur. Or , mon navire (fût-il de 1 mètre plus large, ce qui serait au-delà des dimensions adoptées), cela changerait peu la forme des 10 premiers mètres de la partie d'avant. Ensuite la coupe perpendiculaire à la longueur offrant le plus grand développement sera diminuée avec mes dimensions. Il serait donc possible de donner à l'avant des formes un peu moins aiguës ; et par cela seul , au lieu d'un inconvénient, il y aurait avantage pour le point qui m'occupe ; mais on n'aura pas besoin de recourir à ce moyen.

Qu'on ne s'y trompe pas, ce ne sont pas plus les formes aiguës des avants que l'élévation des vagues qui seules produisent l'inconvénient qu'éprouvent certains navires à vapeur , dont la partie d'avant passe parfois en grand sous la lame. Si la forme aiguë de leurs avants y contribue pour quelque chose , ce n'est qu'indirectement. Pour obtenir ces formes aiguës , à moins d'allonger considérablement le navire, il faut diminuer beaucoup la longueur de la portion dont les coupes perpendiculaires à la longueur ont le plus de surface , ou , en terme du métier, *la longueur des fonds*. C'est ce raccourcissement de la portion qui supporte la presque totalité de la masse qui facilite et augmente les oscillations longitudinales, *le tangage*, et de cela il résulte que l'avant, poussé par l'élan, suite de ces oscillations, à s'abaisser au moment de rencontrer une vague qui s'élève , résiste à l'effort que fait cette vague sur la partie momentanément immergée ; et passe sous la lame , sous la lame dont la hauteur se trouve doublée par l'abaissement momentané de l'avant.

Coupez au centre ces navires qui passent sous les lames ; augmentez-en la longueur en donnant à toute la portion ajoutée une forme telle que les coupes verticales soient à peu près semblables à celle de la section pratiquée ; *profitez en même temps de l'augmentation de stabilité que produira cette addition pour augmenter* LEUR PROFONDEUR , *et l'inconvénient disparaîtra*.

Mais comment augmenter la longueur relative des *vapeurs* en bois? Celle qui leur a été donnée est le maximum de ce qui peut être fait en charpente, à moins d'augmenter considérablement les épaisseurs, et conséquemment le poids, et alors l'avantage disparaît. Dans mon projet, au contraire, cet avantage des dimensions est d'autant plus grand qu'il se réunit à celui d'une diminution de près de moitié sur la pesanteur du bateau.

Toutefois, l'avantage que je crois pouvoir procurer par les dimensions ne pourrait s'obtenir que pour de très grands navires; ceux de moyennes, et, à plus forte raison, de petites dimensions, ne peuvent être réduits dans la même proportion. Les oscillations de la mer, surtout quand les vagues prennent le navire par le travers, exigent une certaine largeur qui ne peut être entièrement dépendante des rapports avec la longueur.

Ce chapitre est déjà trop long; mais je ne puis me dispenser d'y ajouter encore quelques remarques.

Dans les navires à voiles, la dimension proportionnelle de longueur a depuis quelques années été augmentée considérablement.

Les navires de guerre, dus à des hommes dont la supériorité est reconnue, ont des dimensions de longueur très considérables.

Tous ceux qui ont navigué déclarent que plus les navires sont longs, moins ils tanguent.

Les longueurs qu'ont maintenant les navires à vapeur (et ceci qu'on le note bien) sont beaucoup moins loin de ce que je propose que la longueur de ces bateaux n'est loin de ce qui avait été fait antérieurement, et plus ces navires ont été allongés, plus ils ont offert d'avantages.

Enfin, avec les dimensions que je propose, mon navire entrerait dans les bassins du Havre tels qu'ils sont aujourd'hui.

Pour cela, j'ai encore un point à examiner:

La diminution de largeur relative des roues, et conséquemment de longueur des aubes.

Les aubes sont le point d'appui de la force motrice; celles du *Great-Western* ont près de 4 mètres de long et les nôtres n'auraient que $3^m,2$; mais les aubes du *Western*, comme celles de presque tous les navires anglais sont fixes; elles opèrent toujours perpendiculairement au rayon de la roue; donc, plus les aubes entrent dans l'eau, plus est grande la portion perdue de la force de la machine. Cet inconvénient, qu'ont évité presque tous les vapeurs du Havre, leur a valu un avantage très grand, et l'emploi des roues à aubes mobiles, qui leur a valu cet avantage, est certainement une amélioration importante. Cela ne peut plus être et n'est plus mis en doute : l'expérience a parlé. Ces aubes sont aujourd'hui employées à peu près sans exception ; seulement, il me faut entrer dans quelques détails pour démontrer comment, à l'aide de ce perfectionnement, la grandeur des aubes peut être augmentée, sans que la largeur des roues le soit à beaucoup près autant que pour les roues à aubes fixes.

Les aubes mobiles, tant qu'elles sont en contact avec l'eau, sont, sauf une légère différence, toujours perpendiculaires à la surface de l'eau ; donc, pour augmenter la surface de ces aubes, rien ne s'oppose à ce que la profondeur en soit un peu augmentée.

Les aubes fixes doivent, au contraire, pour produire le plus d'effet utile, obtenir la surface qui procure la résistance base de l'impulsion, avec une profondeur d'immersion aussi réduite que possible, et cet inconvénient ne peut être atténué qu'en augmentant beaucoup le diamètre des roues, ce qui entraîne dans un autre inconvénient très grave : un accroissement considérable du volume des tambours, qui présentent alors, contre le vent et la mer, des résistances bien difficiles à vaincre. Ce n'est donc que par la largeur des roues, soit par la longueur des aubes, que la force de ces appareils peut être augmentée. Donc, c'est une nécessité pour les roues qui réclament un point d'appui double d'avoir une largeur presque double, tandis que, pouvant augmenter les deux dimensions, cette augmentation de largeur des roues ne serait plus que dans le rapport du côté du carré à la diagonale.

Mais, augmentant la profondeur des aubes, j'augmente le diamètre du cercle formé par l'extrémité extérieure des aubes, soit le diamètre des roues. D'abord, cette augmentation est minime ; ensuite, quand les aubes sont mobiles, je puis, sans inconvéniens, en augmenter l'immersion ; je puis donc abaisser l'emplacement de l'axe des roues, et, dès lors, au lieu que l'élévation des roues au-dessus du navire soit augmentée, elle sera diminuée. J'ai de la profondeur de reste pour la hauteur des cylindres et la course de piston de mes machines. Je puis donc, même avec quelque diminution dans la hauteur des tambours, et sans en augmenter la largeur autant que l'ont fait les Anglais , donner à mes roues des aubes d'une surface suffisante. Mais, dira-t-on, pourquoi les Anglais n'emploient-ils pas ces aubes mobiles?

1° Leur emploi chez nous n'est adopté sans restriction que depuis peu d'années. Quelques mécaniciens anglais qui fréquentent le Havre et ont aujourd'hui adopté ces aubes, les avaient critiquées très vivement quand elles parurent.

2° Les résultats de l'expérience connus chez nous le sont-ils en Angleterre ?

3° Un brevet a été levé en Angleterre pour ces roues, et leur emploi ne peut être adopté sans subir la loi du breveté.

Ces réponses expliquent pourquoi il pourra se passer encore quelque temps avant que les avantages des roues à aubes mobiles soient adoptées en Angleterre, et que l'usage en soit répandu là comme chez nous, où elles sont presque universellement employées.

Cet avantage est bien indépendant de ceux que les constructions en fer procureraient ; mais j'ai dû le citer , vu qu'en le réunissant aux dimensions impossibles avec le bois , l'entrée des bassins du Havre devient possible à un navire à vapeur de 1,000 à 1,200 tonneaux.

J'ai maintenant à répondre à une objection qui me sera certainement faite. On dira, comme déjà tant de fois je l'ai entendu dire : Les Anglais ne font pas de navires à vapeur en fer pour la mer ; il est donc impossible qu'on en fasse ; et cette objection sera goûtée, grâce à nos préjugés, grâce à notre habitude de considérer les Anglais comme nos maîtres en toute industrie. Cependant, pour la combattre, ce sont les opinions d'Anglais mêmes dont je ferai usage.

Que diront nos antinationaux , quand ils sauront qu'un Anglais , capitaine de la marine royale , aujourd'hui premier inspecteur de cette marine *(first surveyor of the British navy)* , homme excessivement haut placé , a été jusqu'à avancer, dans un ouvrage imprimé, publié à Londres , après bien d'autres reproches adressés aux constructeurs de navires anglais, que ceux-ci sont si peu instruits, qu'ils ne sont pas en état même de reconnaître ce qui est bien de ce qui est mal dans les savantes constructions françaises (1)? Et qu'on n'aille pas considérer ceci comme une opinion isolée ; en juin 1838 , les journaux anglais ont publié un article où se trouve ceci :

« La supériorité des Français sur les Anglais en architecture navale est un fait aussi notoire qu'il est disgracieux pour notre pays, et nuisible à nos meilleurs et plus importans intérêts. C'est encore un fait remarquable qu'il n'existe pas dans notre langue un seul ouvrage sur les principes de l'architecture navale et sur leur application aux travaux pratiques des constructions, tandis que la langue française s'est enrichie dans le siècle dernier de traités de ce genre, dont beaucoup sont recommandables par un mérite éminent. »

Cet article n'est pas même traduit par moi , je l'ai extrait textuellement du journal la *Presse*, du 19 juin 1838 (2).

Après de tels aveux échappés aux Anglais eux-mêmes, ne suis-je pas fondé à dire qu'il y aurait aveuglement incroyable à me refuser ce que je demande, quand je me borne à reclamer l'examen de mes études ? Serait-il possible que dans cette France , si riche en hommes compétens , je ne pusse obtenir que mes propositions fussent examinées et appréciées à leur juste valeur par des juges désintéressés ?

Je termine ; mais avant, j'adresserai quelques mots à ceux que leur intérêt peut porter à me contredire. Etouffer ma voix, leur dirai-je, sera chose facile ; mais empêcher la vérité de se faire jour, on n'y réussit pas. Si donc je suis dans le vrai, rien n'empêchera que des idées analogues aux miennes ne prévalent, et avant peu, malgré tout ce qu'on aura pu faire, de nombreux navires en fer sillonneront l'Océan ; car, ou je me trompe, ou bien partout où le navire en fer aura paru, le navire en bois ne pourra tenir la concurrence , eu égard même aux résultats financiers seulement. Aussi, par cela même que les premiers navires en fer procureront à leurs propriétaires des résultats brillans, ceux-ci seront-ils moins sévères sur les prix de revient, et les con-

---

(1) Le titre de l'ouvrage est : *A few Observations on naval Architecture, by a navy officer*. Le nom de cet officier est Symonds, et c'est le système de construction défendu par son ouvrage qui lui a valu la haute position qu'il occupe aujourd'hui.

(2) *Note de 1856*. Depuis lors , il faut le reconnaître , tout avait changé de face , et la revanche que les Anglais avaient prise n'a reçu une compensation digne de l'ancienne réputation française que depuis quelques années.

structeurs qui les premiers se seront livrés à la confection de ces navires seront-ils appelés à en tirer de brillants bénéfices.

Aux avantages que présentent les navires en fer employés par le commerce, viennent se joindre ceux que ces navires peuvent donner en cas de guerre. Il ne m'appartient pas de m'étendre sur ce sujet; toutefois, je ferai remarquer qu'au nombre des avantages que ces navires offriraient comme machines de guerre, serait celui de pouvoir affronter sans inconvénient tous les projectiles que lance même un vaisseau de ligne.

Les formes de navires à vapeur de grande vitesse sont telles que, présentant l'avant à leur ennemi, les plans sur lesquels pourraient frapper les projectiles dirigés contre eux ne dévieraient pas de plus de 30° de la direction de ces projectiles, et il est très probable que ces plans étant formés même de tôles, seulement de $0^m,01$ d'épaisseur, renverraient les boulets, les feraient ricocher. Or, comme l'épaisseur des tôles des avants pourrait être portée jusqu'à $0^m,02$, et même jusqu'à $0^m,03$ pour un vapeur de 4 à 500 chevaux, sans que le poids en excédât celui des coques ordinaires, l'obtention de la mise à l'épreuve de tout projectile est certain. Quant au maintien du navire l'avant à l'ennemi, les marins savent tous que rien n'est plus facile, puisqu'au moyen de mouvemens alternatifs d'avance et de recul, le navire à vapeur peut, par la seule puissance du gouvernail, tourner en quelque sorte sur lui-même.

E. Lahure.

Ici se terminait la portion relative aux navires en fer du Mémoire manuscrit, qui avait été dans le temps (sauf quelques modifications et additions relatives à des faits accomplis postérieurement) communiqué à mes concitoyens; le reste n'était relatif qu'à la manière de gérer l'entreprise commerciale des paquebots entre le Havre et New-York, et ne doit pas figurer ici.

Aujourd'hui j'ajouterai : puisse la publicité qui va être donnée à ce Mémoire, puisse surtout la dernière observation que j'ai présentée ne point passer inaperçue de notre Gouvernement; puisse ma chétive voix obtenir que les études sur la construction des navires en fer soient enfin prises en considération, et qu'il soit tenté quelques essais pour marcher dans une voie dans laquelle nos rivaux, avec leur assurance accoutumée, s'avancent à grands pas et ont déjà réalisé plusieurs de mes prévisions, tandis que nous restons, nous, dans une inaction aussi funeste qu'inconcevable, possédant, comme nous le faisons, tant d'hommes .de capacité parfaite, et auxquels il serait si facile d'apprécier la valeur réelle d'assertions qui, je le reconnais moi-même, ne peuvent mériter crédit qu'après avoir passé à travers le creuset des appréciations de tels hommes; mais ces appré-ciations, elles sont ce que j'ai toujours recherché et ce que je demande encore, tant est complète ma conviction de la vérité de tout ce que j'ai avancé.

E. LAHURE.

HAVRE , 10 Juin 1841.

4.

QUELQUES APERÇUS

SUR LES MACHINES ET LA PROPULSION

DES NAVIRES A VAPEUR.

Ce n'est pas sans une grande hésitation que je m'aventure à inscrire ce titre en présence des longues pages que les grands maîtres ont consacrées à l'étude de ces moyens de propulsion ; mais il est encore des aspects sous lesquels ils n'ont pas été envisagés , et qui permettent de proposer certaines dispositions d'une efficacité positive, pour l'accroissement des quotités de l'utilisation des causes premières de la propulsion.

Pour toutes les limites dont l'évaluation ne peut être basée que sur les résultats d'expériences faites, celles qui l'ont été et qui sont si bien comparées par MM. Bourgois et Moll, sont les seuls guides qui doivent être suivis, et c'est à ces guides que je me reporte. Ce n'est donc, je demande qu'on le note bien, que *sur des dispositions* D'UNE EFFICACITÉ POSITIVE *que je me permets d'appeler l'attention.*

Ainsi, pour les machines, je puis aujourd'hui répéter mes propositions de 1846 , et , tout en déclarant qu'on ne doit admettre aucun système dont les bons résultats n'aient pas été constatés par des expériences bien authentiques, faire remarquer encore aujourd'hui que la duplication des machines (quatre cylindres au lieu de deux) est une amélioration qui doit être admise, parce que l'avantage qui en résulte, et que M. Paris explique aux folios 404 et 405 de son ouvrage, est d'une nature positive et incontestable. Par cette combinaison, l'effort des machines pour produire la rotation étant, d'un côté une poussée et de l'autre une traction ,

égales et opérant sur des leviers égaux, les paliers de l'arbre qui
est mis en rotation ne supportent plus d'autres efforts que ceux
qui résultent du poids de cet arbre , de celui du propulseur qu'il
porte et des chocs que celui-ci peut recevoir. Tandis qu'alors que
la rotation à produire, par un mouvement direct, n'est obtenue
que par une seule manivelle ou que par deux placées à angle droit
l'une de l'autre, ce qui, avec deux cylindres, est exigé pour le
passage des centres, les efforts auxquels les paliers ont à résister,
en sus de ceux qui viennent d'être rappelés, égalent la totalité de
la poussée qui produit la marche du navire.

Il est vrai que l'augmentation du nombre des cylindres augmente la somme des frottemens des pistons ; mais la masse de
chacun des pistons est diminuée , ce qui diminue aussi la force
d'inertie à vaincre pour le renversement de leur mouvement à
l'extrémité de chacune de leurs courses.

Quant aux machines à action directe , dont l'emploi est vivement recommandé pour les navires de guerre, les tables de
l'utilisation du combustible dans les navires à hélices et à grande
vitesse n'étant pas en faveur de ce système, qui exige d'ailleurs
un mouvement très accéléré des pistons et doit faire redouter
une usure plus grande, il convient d'employer les transmissions
accélératrices du mouvement ; seulement il faut que la disposition de ces transmissions soit combinée de manière à procurer
l'avantage qu'on obtient avec les quatre cylindres , c'est-à-dire
que, tandis que la roue motrice de l'arbre auquel l'hélice est atte-
nante est sollicitée d'un côté à monter, elle soit en même temps,
et par une force égale , sollicitée à descendre du côté opposé.

Sur les hélices, j'ai à indiquer une amélioration *positive* aussi,
et que je ne crois pas avoir été remarquée ; mais puisque je me
trouve entraîné à présenter des observations relatives à ce propulseur, il me semble que c'est un devoir pour moi, jadis té-
moin, presque jour par jour, des essais du malheureux Sauvage,
de rappeler son nom et de demander si dans les historiques de
l'hélice il lui est bien rendu justice.

« Je n'ignore pas les conséquences de l'opiniâtreté de cet homme
étrange qui , à toutes les propositions d'essayer quelques-unes
des modifications sans nombre auxquelles le propulseur héli-

coïde ouvrait la voie, opposait, avec une bonhomie restée dans la mémoire de tous ceux qui l'ont connu, cet invariable refrain : « *Je vous donne ma parole d'honneur* que la meilleure de toutes les hélices, la seule hélice véritable, est la mienne, » prétention qui l'a fait rester stationnaire, tandis que les compétiteurs qu'il avait fait surgir arrivaient, de tâtonnemens en tâtonnemens, à des résultats qui les plaçaient en avant; mais Sauvage avait le défaut de ses qualités, et je reste convaincu que sans sa persistance excessive, que sans cette opiniâtreté qui lui a fait, pendant tant d'années, tout sacrifier aux moyens d'attirer l'attention sur son propulseur, les plus importans de tous ces essais, de tous ces tâtonnemens, dont M. Paris vient de retracer l'histoire, eussent été bien plus tardifs, et que c'est Sauvage qui a été le véritable promoteur de l'adoption du propulseur hélicoïde.

» L'acceptation du nom d'hélice, qui, chez nous, semble aujourd'hui définitivement appliqué à ces propulseurs que les Anglais ne désignent que par le mot *screw* (vis), ne donne-t-elle pas quelque poids à cette opinion, quand ce mot *hélice*, qui antérieurement avait et qui a toujours, une autre signification, est celui que Sauvage, à tort ou à raison, avait adopté pour désigner son propulseur. »

Toute hélice est une vis, cette vérité trouve sa preuve dans cette seule observation qu'il suffit d'accroître beaucoup le diamétre extérieur d'une vis et surtout d'une vis de la forme adoptée pour celles en métal destinées à se visser dans du bois, pour obtenir une hélice entière et complète ; hélice qui, dans ce cas, aura sa génératrice droite, son pas uniforme et un seul filet, les vis à bois n'étant ordinairement qu'à un seul filet.

Maintenant, qu'on veuille avoir une hélice à plusieurs filets, à génératrice ou oblique ou courbe, à pas progressif ou rétrograde; toutes ces modifications, la vis à bois surtout peut très bien les recevoir sans cesser d'être une vraie vis.

Quant à la transformation du ou des filets de la vis en ailes, elle se fait en découpant seulement ces filets suivant ce qu'exige la forme, quelle qu'elle soit, qu'on veut donner aux ailes. Ainsi donc je le répète, l'hélice est bien une vis, vis qui n'a subi, même quand elle est transformée en ailes, d'autre modification que d'être fractionnée, mais qui n'en reste pas moins bien réellement une vis (1).

Il fallait que je rappelasse que l'hélice est une véritable vis : car la base des considérations que je vais présenter repose sur l'examen des causes qui peuvent, dans l'emploi des vis, en neutraliser l'effet, c'est-à-dire en rendre la rotation inefficace pour produire un mouvement d'avance ou de recul. Une de ces causes est l'écrasement des filets de la vis ou de l'écrou, ou de l'un et de l'autre.

A cette occasion, je dois faire observer que si la dimension des filets et du corps des vis de métal destinées à opérer dans un écrou ou du même métal, ou d'un métal d'une résistance égale, doit égaler celle des filets de l'écrou ; les filets des vis à bois sont et doivent être, au contraire, très minces et de simples lames, afin d'augmenter la résistance des filets de leur écrou, dont l'épaisseur s'accroît de toute celle enlevée au filet de la vis. Dans ce qui précède et dans ce qui va suivre, je ne fais allusion qu'à des vis introduites en plein bois ; et quand il s'agit de vis dans cette condition, si j'emploie le mot *écrou*, ce n'est que pour éviter des circonlocutions : je réclame donc, pour ce mot, la signification dont j'ai besoin, et qu'il désigne seulement le bois qui se trouve autour de la vis et duquel font partie les filets qui sont les points d'appui de cette vis.

La ressemblance des vis à bois avec les hélices doit être d'autant mieux remarquée que, dans ces vis, ce qui conduit déjà à réduire beaucoup l'épaisseur des filets et le diamètre du corps de la vis, c'est le besoin d'accroître la force des filets de l'écrou, qui, cependant, reste encore presque toujours inférieure à celle de la vis et de ses filets, puisque ordinairement, quand la vis à bois cesse d'imprimer le mouvement d'avance ou de recul, ce résultat n'est dû qu'à l'écrasement des filets en bois de l'écrou.

(1) L'hélice Sauvage était une vis à deux filets, à génératrice droite et à pas constant ; ce pas donnait pour chaque révolution une avance égale au diamètre, et, comme la hauteur était égale au diamètre, les bords de l'avant et de l'arrière du propulseur se trouvaient parallèles. Ce qui distinguait surtout l'hélice Sauvage, c'était la suppression complète du corps de la vis : elle était à deux filets ; la lame de métal qui formait cette hélice, conservait donc à sa demi-largeur une direction droite, perpendiculaire à ses deux bouts, et sur cette droite l'épaisseur était seulement à peu près double de celle des deux bords, formant le diamètre extérieur du propulseur, à chaque bout et dans l'axe de la droite par le centre de l'hélice, étaient fixés deux bouts d'axe : celui de l'avant transmettait le mouvement à l'hélice, et celui de l'arrière la maintenait dans sa position.

Cette cause, ordinairement première de l'inefficacité de la rotation des vis à bois, n'est pas, toutefois, inévitable ; car plus on augmente le pas d'une vis, plus croît l'épaisseur cumulée de ses filets et de ceux de son écrou, quand le nombre n'en est pas augmenté. Ainsi, il sera toujours possible, en augmentant le pas sans augmenter l'épaisseur des filets de la vis à bois, d'obtenir l'égalité entre la force des filets de son écrou et celle de son corps et de ses filets ; seulement, il faudra bien se garder de donner à ces vis plus d'un filet, puisque l'inconvénient de l'égalité à obtenir est l'exigence d'un pas trop rapide, et que pour laisser à chaque filet la même épaisseur, il faut, quand on en augmente le nombre, donner au pas de vis la même augmentation.

Cette considération appliquée directement aux hélices commanderait donc de ne les faire qu'à un seul filet et, en effet, cette disposition devrait être adoptée si les pertes d'avance sur les propulseurs hélicoïdes ne devaient être attribuées qu'à la cession, dans une direction parallèle à la marche du navire, des filets en eau de l'écrou dans lequel ces propulseurs se vissent ; mais il n'en est pas ainsi, et il existe certainement une cause de perte d'avance toute autre que celle qui vient d'être rappelée.

L'explication de cette cause, toute simple qu'elle soit, me reporte à la vis placée dans un écrou solide, et à faire remarquer que ce qui peut très bien empêcher qu'en tournant elle ne produise le mouvement de translation parallèle au centre de son axe, ce n'est pas seulement le recul ou l'avance de l'écrou, mais bien aussi la rotation de l'écrou avec la vis. Si la rotation de l'écrou égale celle de la vis, la perte égalera l'avance, et le mouvement de translation parallèle à l'axe de la vis sera zéro ; si, pendant que la vis fait un tour entier, l'écrou fait un demi-tour, la perte d'avance sera de moitié, et ainsi de suite.

Cette remarque est, je le sais, des plus simples, et pourra même paraître superflue ; mais je réclame contre cette première impression, et je suis fondé à le faire quand je vois, dans les résultats que présentent les propulseurs hélicoïdes, attribuer directement à des causes qui ne peuvent être *que la conséquence de celle sur laquelle j'appelle l'attention*, des effets qui ne pourraient pas se produire *sans cette cause première dont on ne tient pas compte*.

Ainsi, la force centrifuge dont on se préoccupe tant, cette force, qui ne peut avoir d'effet que sur l'eau qui entoure l'hélice, ne peut pas acquérir une valeur de quelque importance si la rotation de cette eau dans laquelle l'hélice se visse n'est pas très accélérée. Or, si à toutes les autres causes de perte d'avance que présente la nature inconsistante de la matière dans laquelle se visse l'hélice, qui pour écrou n'a que l'eau, *on vient ajouter encore l'existence d'une rotation de cet écrou assez rapide pour produire la force centrifuge considérable à laquelle on paraît croire*, LA PROPULSION PAR L'HÉLICE DEVIENT INEXPLICABLE.

Qu'on n'aille pas, cependant, tirer de cela la conclusion que j'entends repousser l'admission de toute impulsion centrifuge imprimée à l'eau ambiante de l'hélice ; ce que je demande et qu'on ne peut pas me refuser, puisque, sans la rotation, l'impulsion centrifuge ne peut pas se produire ; c'est qu'on reconnaisse la préexistence du mouvement de rotation de cette eau.

Or, *cette préexistence une fois admise*, LA PREMIÈRE DIRECTION A DONNER AUX ÉTUDES DES MOYENS D'ACCROITRE L'EFFET UTILE DE L'HÉLICE *est la recherche de toutes les causes qui peuvent combattre l'entraînement de l'eau, qui entoure l'hélice, vers le mouvement de rotation de ce propulseur*.

Pour faire cette recherche, il est indispensable, quoique la cession de l'eau écrou dans une direction parallèle à la marche du navire, soit un effet tout différent, de tenir en même temps compte des causes de cette cession : car, bien que ces deux effets, cession et rotation, produisent un résultat identique, presque tout ce qui tend à diminuer l'un tend à augmenter l'autre, d'où il résulte une série d'oppositions qui conduiraient à des résultats inverses s'il n'était tenu compte des exigences que d'un seul des deux effets à combattre.

Pour éviter des circonlocutions, je désignerai par le mot *recul* les cessions dans une direction parallèle à la marche du navire, et par les mots *perte d'avance* les conséquences de la rotation de l'eau écrou.

Pour la perte d'avance, il est bien évident que les frottemens de l'hélice sur l'eau, dans laquelle ce propulseur se visse, peuvent seuls produire l'entraînement de cette eau dans le mouvement de rotation, et qu'à vitesse égale de la rotation du propulseur, plus seront grandes les surfaces en contact avec l'eau, plus l'eau ambiante devra être entraînée; d'où il résulterait qu'il faut réduire ces surfaces; mais plus les surfaces diminuent, plus le recul augmente, ce qui crée à la réduction des surfaces une de ces oppositions qui se rencontrent presque partout.

Ainsi, d'un autre côté, plus la rotation de l'hélice est rapide, plus est grand l'entraînement qu'elle exerce sur l'eau; mais plus la rotation est rapide, plus le rampant peut être diminué, et, comme l'effet d'une vis est une décomposition de la force dont une fraction seulement provoque le mouvement de translation de l'arbre tournant, tandis que son complément, portion perdue de la force, ne tend qu'à provoquer la rotation de l'écrou; il en résulte que plus le rampant augmente, plus augmente cette fraction perdue, et qu'ainsi la réduction de la vitesse de rotation du propulseur, si elle tend d'une part à diminuer l'entraînement par les frottemens, de l'autre tend, au contraire, par l'accroissement de la portion perdue dans la décomposition de la force à augmenter cet entraînement, puisque, je le répète, sans augmenter le rampant, le mouvement de rotation de l'hélice ne peut pas être diminué.

Enfin, tandis que les résultats obtenus par les hélices à pas progressif, et qui sembleraient annoncer que l'écrou dans lequel elles se vissent présente au recul une résistance qui décroît quand une pression égale est continuée sur une même tige d'eau, ce qui conduirait à multiplier les ailes, afin d'en diminuer la dimension sur le sens des directrices, cette augmentation du nombre des ailes diminue l'épaisseur des filets de l'écrou liquide, ce qui en affaiblit nécessairement la résistance.

C'est au milieu de toutes ces oppositions dont les *maxima* ou *minima*, ne peuvent être déterminées que par les enseignemens que présentent les comparaisons des expériences dont j'ai déjà rappelé la haute valeur, que s'aperçoivent, cependant, les améliorations que j'ai à indiquer.

Mais remarquons, d'abord, que, puisqu'à rotation égale et avec même pas, plus augmentent les surfaces du propulseur, plus augmente l'entraînement de l'eau ambiante, les tambours, les extrémités du diamètre extérieur des ailes d'hélice repliées en avant à angle droit, de manière à s'opposer à l'action centrifuge, et toutes autres dispositions analogues ont pour premier résultat de PROVOQUER L'EFFET *dont elles tendent à atténuer les consé-quences*.

Ensuite, que la suppression du dessus des cages des hélices et les agrandissemens sans utilité réelle qu'on donne à ces cages dans certains navires, ne tendent qu'à faciliter la rotation de l'eau écrou; et enfin que plus augmente le volume d'une hélice, dont les autres conditions de pas et de surfaces propulsives ne changent pas, plus croît l'entraînement de l'eau ambiante, d'où il résulte qu'il y aura avantage certain à obtenir des hélices en fer forgé et d'un seul morceau avec le premier bout de l'axe qui les porte (1) et leur transmet la rotation, car ces hélices seront, surtout vers leur centre, beaucoup moins volumineuses que celles en fonte de fer et même en bronze. Il est certain aussi que plus la surface des parties de l'hélice qui offrent dans la décomposition des forces une plus grande fraction perdue est réduite, moins il y a d'entraînement de l'eau ambiante; c'est à cet effet qu'est due la recommandation de renvoyer, autant que le permet la conservation des surfaces requises pour ne pas trop accroître le recul, la production de la propulsion à la fraction de l'hélice la plus éloignée de son centre, et de réduire, sur les parties de l'hélice approchées du centre, et qu'on dispense de contribuer à la propulsion, le rampant qui, sur ces parties, doit être calculé uniquement de manière à faciliter leur passage à travers l'eau dans leur mouvement de rotation et d'avance, c'est-à-dire que le recul étant d'un 5ᵉ, il faudrait réduire aux 4/5ᵉˢ du pas du reste de l'hélice, celui de la portion de ce propulseur qu'on dispense de contribuer à la propulsion. Ces dernières remarques sont d'un grand poids pour faire ressortir l'importance de la modification, que toutes les observations qui précèdent ont pour but de proposer, et à laquelle j'arrive enfin, en faisant remarquer que tous les avantages des combinaisons qui viennent d'être passées en revue restent indépendans de ceux de la combinaison que je vais indiquer.

Qu'on suppose une hélice entièrement débarrassée de son cen-

(1) La confection de ces hélices présente des difficultés, mais elle offrira des avantages qui méritent que d'habiles forgerons essaient de l'obtenir. Plusieurs chefs d'atelier m'ont affirmé qu'elle n'est pas impossible, et ne coûterait même pas aussi cher que le bronze.

tre et ne consistant que dans la partie de ses ailes employée à produire la propulsion : l'entraînement de l'eau ambiante à suivre le mouvement de rotation de cette hélice serait, cela est de toute évidence, encore plus diminué que par tous les autres moyens qui viennent d'être examinés.

Or, si la suppression du centre de l'hélice n'est pas possible, ce qui peut très facilement se faire, c'est de placer les ailes propulsives en avant des branches qui les relient à l'axe. Deux moyens d'obtenir ce résultat se découvrent de suite : le premier consiste, quand on découpe les filets de la vis en ailes, à renvoyer à la partie postérieure de l'aile la branche qui la relie à son axe ; cette forme exigera seulement un peu plus de force dans les branches, vu que l'effort de torsion que le plan incliné de l'aile fait subir dans la marche en avant agira, pour ces branches, sur un levier un peu plus long ; le second, c'est d'incliner ces branches vers l'avant, disposition dans laquelle on trouve une certaine ressemblance avec la forme des ancres. En effet, que le corps d'une ancre soit transformé en un arbre d'hélice, ce qui demande seulement qu'il soit tourné, et, pour compléter la transformation de cette ancre en une hélice à deux ailes, on n'aura plus qu'à remanier ses pattes pour faire, de leur partie la plus rapprochée du corps de l'ancre, les branches de l'hélice, ce qui aura lieu en élargissant cette partie des pattes dans le sens de la directrice qu'on aura adoptée pour ces branches, *qui devront conserver à peu près la direction rentrante vers l'avant de l'hélice, qu'elles avaient comme pattes d'ancre ;* on fera ensuite du reste des pattes les ailes auxquelles on pourra donner le pas et la génération qu'on voudra.

C'est en combinant les deux moyens d'arriver au même but, le renvoi des branches vers la partie postérieure des ailes et l'inclinaison de ces branches en avant, qu'on obtiendra, pour la liaison des ailes propulsives de l'hélice à leur axe ou moyeu, la meilleure disposition pour la combinaison que je propose, *com binaison qui peut,* et cela est bien important, *s'appliquer aux hélices de tous les systèmes.*

Pour cette combinaison, il sera désirable que l'avant de la cage fasse saillie vers sa demi-hauteur, vers la sortie de l'arbre ; mais cette saillie sera favorable à l'accroissement de la solidité, surtout avec les axes en porte-à-faux (1) qu'il faudra bien qu'on en vienne à adopter pour les hélices ; une saillie semblable est même pratiquée à présent aux côtés de presque tous les vapeurs à roues.

Voici maintenant les conséquences de ces dispositions: d'abord, suppression, pendant que les ailes opèrent la propulsion en se vissant dans l'eau, leur point d'appui, de toute l'action des parties de l'hélice, qui se rapprochent de son centre et qui, ainsi que le rappelle la dernière de mes observations préliminaires, entraînent le plus l'eau dans laquelle elles se meuvent, à tourbillonner et à former une espèce de cylindre tournant avec elles, cylindre dont tout le diamètre extérieur, nécessairement en contact avec l'eau qui l'enveloppe, eau dans laquelle les ailes se vissent, contribuait pour une large part dans l'entraînement de cette eau qui, sollicitée ainsi de tous côtés, excepté à son diamètre extérieur, devait inévitablement former une seconde zone tournant aussi, et enlevant une partie de la propulsion, d'autant plus grande que sa rotation était plus accélérée ; tandis que cette zone, ce tambour extérieur, dans lequel, par la combinaison des

(1) Un axe en porte-à-faux est sans tourillon au-delà de l'hélice, c'est-à-dire maintenu comme le sont ceux des ailes des moulins à vent, ailes qui, soit dit en passant, sont des propulseurs hélicoïdaux très bien entendus pour leur destination, qui est de produire la rotation. Ce qui prouve incontestablement que, pour la solidité, l'axe en porte-à-faux ne laisse rien à désirer, c'est que ceux des roues de presque tous les vapeurs qui se font maintenant sont ainsi disposés ; et, il faut bien le remarquer, cette disposition offre de bien plus grandes difficultés à vaincre pour des axes de roues à aubes que pour ceux des hélices : les axes des roues sont en travers du navire et en trois bouts ; la longueur entre les deux tourillons de chaque bout d'axe, qui supporte une roue et la maintient dans la position qu'elle doit occuper, est donc nécessairement assez réduite, tandis que l'axe d'une hélice se trouve sur la longueur du navire, d'où il résulte qu'il n'est imposé aucune limite à la distance entre les tourillons qui maintiennent dans la position qui leur est assignée, le bout d'axe qui la porte et l'hélice elle-même. De plus, le volume d'une roue est bien plus considérable que celui d'une hélice, car ce n'est que la quinzième ou la seizième partie des deux roues qui travaille à la propulsion du navire; tandis que toute la surface de l'hélice y travaille simultanément et sans intermittence ; et comme, dans les gros temps, c'est à chaque instant sur la moitié ou sur les deux tiers d'une roue entière que frappent les coups de mer, il en résulte, au portage de son axe, des pressions qui seraient encore bien supérieures à celles que pourrait leur faire subir une hélice, quand même la distance entre les tourillons par lesquels est maintenu le bout d'axe qui la porte ne serait pas plus grande que celle qui sépare l'un de l'autre les deux tourillons du bout d'axe qui porte chaque roue.

L'axe en porte-à-faux a encore, pour les hélices, d'autres avantages qu'il n'offre pas pour les roues ; il supprime le tourillon à l'extrémité de l'axe, et ses coussinets qui sont non-seulement immergés, mais entièrement hors de l'atteinte des mains de l'équipage. Enfin, l'axe en porte-à-faux permet la suppression d'un second étambot et de tout appareil en arrière de l'hélice, autre que le gouvernail, ce qui est d'une haute importance, particulièrement pour les navires de grande vitesse, pour lesquels les déplacemens que produisent tous appareils placés autour, et surtout en arrière du propulseur, sont des causes sensibles de désavantage.

mouvemens d'avance et de rotation, les ailes propulsives vont sans cesse se visser, et prendre dans une eau nouvelle un point d'appui consécutivement renouvelé, au lieu d'être sollicité par le cylindre intérieur, trouve au contraire, dans l'eau qui forme ce cylindre et qu'enveloppe sur tout son diamètre le tambour extérieur d'eau, une cause de résistance au mouvement rotatif dans lequel la force perdue par l'action oblique des ailes tend à entraîner ce tambour. En effet, par suite des attractions moléculaires, ce tambour ne peut céder à l'entraînement de la force perdue des ailes, auxquelles il sert d'écrou, sans entraîner aussi avec lui une partie du cylindre intérieur, lequel, je le répète, au lieu de provoquer, comme cela a lieu plus ou moins avec toutes les autres hélices, la rotation de l'eau dans laquelle se vissent leurs ailes, leurs parties propulsantes, tend au contraire à s'opposer à cette rotation, et nécessairement la diminue.

Mais l'entraînement du cylindre intérieur n'est pas même une perte sans compensation : il facilite le passage, qui a lieu ensuite, des branches de l'hélice *dont le pas doit dès lors, au lieu d'être réduit, être au moins égal à celui des ailes propulsives.* Quant à l'accroissement du tourbillonnement que le passage de ces branches doit produire, il reste sans aucun effet nuisible à la propulsion, puisque les ailes qui opèrent la propulsion agissent constamment en avant, et ont à peu près terminé leur action là où commence cet accroissement du tourbillonnement dont la préexistence diminue certainement l'effort que des branches ont à faire pour opérer à travers l'eau leur mouvement de rotation.

Les avantages de la combinaison sont donc positifs et incontestables.

J'ai maintenant à rappeler un moyen de changer à la mer les coussinets extérieurs d'une hélice et l'hélice même sans qu'il reste aucun appareil à l'extérieur du navire quand ce propulseur est en place.

Un Mémoire que j'avais présenté à *la Société d'Etudes diverses* du Havre, et qui indique tous les détails de l'opération, obtint, sur le rapport de M. Gallet, officier en retraite de la marine militaire et chevalier de la Légion-d'Honneur, la faveur spéciale d'être imprimé *in extenso*, dans le compte rendu en 1853, des travaux de cette société.

La base du moyen est un compartiment pratiqué dans l'intérieur de l'arrière du navire et isolé entièrement du reste de sa capacité. Quand il y a lieu à changer ou le palier extérieur de l'arbre de l'hélice ou l'hélice elle-même, le nombre des travailleurs réclamés par la dimension de l'hélice ou des paliers, entre dans ce compartiment, par des trous d'homme qu'on referme et qu'on étanche ensuite par les moyens ordinaires, et aussitôt une pompe refoule dans le compartiment, de l'air dont la densité, quand elle égale celle qu'exige la cloche à plongeur dans la même position, empêche l'eau d'envahir le compartiment au-dessus du niveau le plus élevé de ses ouvertures inférieures; un robinet placé à ce niveau, et dont le jet cesse quand la densité de l'air est suffisante, annonce qu'on peut ouvrir un sabord horizontal ménagé dans la construction du navire, et qui se trouve au bas du compartiment. Or, comme on a d'ailleurs, par des combinaisons dont mon Mémoire indique tous les détails, frappé au moyen d'un nœud coulant, sur l'axe et entre les ailes de l'hélice, un amarrage solide d'où partent deux forts cordages ou chaînes venant de la cage à chacun des bords du navire, au moyen de cet appareil on soutient l'hélice. Les hommes du compartiment démontent alors la boîte à étoupe et enlèvent ensuite le dessus du palier de l'axe qui n'est recouvert que de 1 ou 2 décimètres d'eau, puis on soulève par les cordages ou chaînes de l'extérieur, l'hélice et son axe, dont l'extrémité intérieure est retenue par un appareil placé à l'intérieur du compartiment, de manière à mettre le gouvernail à l'abri des coups de bélier dont l'hélice et son axe pourraient le frapper, pendant qu'au moyen des cordages qui les suspendent, on leur fait faire, quand l'hélice est à changer, une fraction de conversion que permet le sabord ouvert au côté et dans la coulée du navire. Des repaires tracés à l'avance dans l'intérieur du compartiment annoncent quand l'hélice est, par cette conversion, *parée* du gouvernail, et alors les hommes du compartiment laissent sortir l'axe et l'hélice qui sont hissés sur le pont par le cordage qui passe du côté du navire où se trouve le sabord par lequel l'eau s'introduit à 2 ou 3 décimètres au-dessus de son plancher, mais ne peut pas s'élever davantage : retenue qu'elle est par l'air constamment refoulé dans ce compartiment.

Par des moyens identiques, une hélice nouvelle et son arbre, dont le navire est muni, sont envoyés et mis en place.

Il est vrai que ces opérations ne pourraient pas s'exécuter avec grosse mer ; mais les formes et les dimensions de navires que réclame la propulsion hélicoïde sont celles qui procurent le plus de vitesse pour les navigations à la voile ; ainsi, en cas de bris ou de mise hors de service de l'hélice, s'il y a gros temps ou du vent, le navire peut, avec ses voiles, gagner un lieu de relâche, tandis que, s'il se trouve dans des parages où les calmes dominent, en quelques heures son hélice peut être remplacée et remise en état de le faire marcher : et, c'est sans avoir à subir aucun des inconvéniens que présentent les puits et les autres moyens de remonter les hélices, que s'obtient cet avantage avec lequel on conserve intacts tous ceux que procure l'hélice fixe, de laquelle presque tous les navires de vitesse se contentent, malgré les inconvéniens rares, il est vrai, mais très possibles cependant, que peut occasionner cette disposition.

Je termine par la proposition d'une échelle, que j'intitulerai sous-marine, appareil basé aussi sur le refoulement de l'eau, et d'une simplicité qui rend surprenant que l'idée n'en ait pas encore été proposée.

Cette échelle consiste en un tube en tôle d'une cinquantaine de centimètres de diamètre, intérieurement garni d'échelons, et ayant de longueur un couple de mètres de plus que la profondeur à laquelle on voudra atteindre, soit 8 mètres, pour descendre à 6 au-dessous de l'eau. Cet appareil, en tôle de 2 millimètres, pèsera environ 200 kilog.; sa force d'ascension sera pour atteindre à une profondeur de 6 mètres d'environ 1,000 kilog.; on le descendra et on le maintiendra dans la direction, qui placera sa partie inférieure au point qu'on voudra visiter ; puis, par un trou d'homme, pratiqué dans sa partie supérieure, on introduira un ou deux travailleurs, et, fermant alors ce trou d'homme, on chassera l'eau hors du tube, en y refoulant l'air comme dans les cloches à plongeur.

Suivant les besoins, ce tube pourra être évasé dans le haut et dans le bas, ce qui procurera l'admission de plusieurs travailleurs dans le bas : il devra être, en outre, garni de verrines qui permettront l'inspection des objets qui l'entoureront (1).

(1) Si j'ai indiqué ici cet appareil, c'est afin de me mettre en garde contre la levée de quelque brevet qui viendrait en entraver l'emploi.

MOTIFS DE LA PROPOSITION

d'employer la propulsion hélicoïde même pour les vapeurs à grande puissance de la ligne de New-York.

Quand on lit dans le *Traité de l'Hélice propulsive* de M. Paris, folio 142, sa traduction, présentée sans aucunes réserves, des opinions de M. Bourne, *sur l'infériorité des hélices pour le remorquage et la propulsion par les gros temps*, et dans d'autres parties du même ouvrage, certaines observations émanant de M. Paris lui-même, on ne peut guère se refuser à croire qu'il ne soit disposé à admettre plutôt qu'à repousser l'opinion de M. Bourne ; cependant, l'opinion bien formelle de MM. Bourgois et Moll, qu'il reproduit aussi sans réserves, folios 121 et 122, ses énoncés à l'occasion du *Faon*, folio 400, des évaluations de M. Lebouleur, folio 505, et du *Napoléon*, folio 169 et suivans, semblent admettre la supériorité de l'hélice, supériorité reconnue aujourd'hui, je crois, par tous les ingénieurs, aussi bien que par MM. Bourgois et Moll (voir les quatre dernières lignes du troisième alinéa du folio 35 et les folios 135, 156, 165, 170, 174 et 384 du Rapport de M. Bourgois au ministre de la marine (janvier 1854, publié par Arthus Bertrand), et personne n'ignore de quelle importance est l'opinion de M. Bourgois.

Pour celle de M. Paris, il faut bien, quelque valeur que j'y attache, que je reconnaisse que je ne puis pas y trouver un appui en faveur de la préférence dont ces explications présentent la justification.

Malheureusement, le nombre des navires à grande puissance mus par l'hélice est encore assez restreint ; par contre, cependant, on trouve dans ceux qui existent des résultats d'une valeur tout à fait exceptionnelle et qui me paraissent en compenser le petit nombre.

Plus tard, j'examinerai ces résultats ; mais je dois rappeler d'abord que la grande accusation portée contre l'hélice est la conservation, pour remorquer et pour lutter contre les forts vents contraires, d'une vitesse de rotation presque égale à celle qui est exigée pour produire la vitesse *maxima* du navire, et, avant tout, faire bien remarquer que ce prétendu grief n'en serait plus un, si cette vitesse de rotation n'était que facultative et pas indispensable pour procurer au navire la marche dont il convient qu'on se contente dans les cas de luttes contre le vent et la mer ou contre une remorque. Les conditions dans lesquelles les roues se trouvent pendant ces luttes sont, en effet, tout autres que celles des hélices : aux roues, ces luttes commandent impérieusement et imposent même presque forcément une réduction de rotation que rendent indispensable bien des causes, dont une seule à rappeler ici, est la situation du point de l'impulsion, placé toujours, avec les roues, plusieurs mètres au-dessus du centre de la résistance ; or, en présence de cette seule observation et de la pression de haut en bas que l'élévation du centre de l'impulsion par les roues impose à l'avant du navire, tandis que la propulsion hélicoïde tend, au contraire, à le soulever, ne suis-je pas déjà bien excusable de considérer comme très risquées les assertions de M. Bourne, relatives au vapeur le *Faon,* qui, suivant cet auteur (1), « eût été, DE BEAU TEMPS, AU » MOINS AUSSI VITE et DE MAUVAIS TEMPS PLUS VITE *avec moins de* » *consommation*, S'IL AVAIT ÉTÉ A ROUES AU LIEU D'ÊTRE A HÉLICE, » *opinion que cet Anglais ne prend la peine d'appuyer ni sur aucun résultat constaté ni sur aucune démonstration, et qui d'ailleurs est en opposition avec les faits*, puisque dans une longue série de trajets entre Calais et Douvres, *les vitesses communes du Faon ont été supérieures à celles de vapeurs à roues, plus vites de calme, avec lesquels il a été comparé.*

Je puis donc, en m'étayant sur ce dernier résultat, constaté par M. Paris lui-même, et *tout en reconnaissant que les accusations portées contre l'hélice sont fondées à certains égards*, LES RÉDUIRE AU MOINS A LEUR VÉRITABLE VALEUR ; ce que je ferai en reconnaissant que *si la différence entre les consommations auxquelles chacun des propulseurs, roues ou hélice, donne lieu, n'est pas compensée, pour*

---

(1) Voir le folio 142 de la traduction de M. Paris.

l'hélice, par l'accroissement de vitesse qu'elle procure quand on lui conserve toute sa rotation pendant les luttes contre les vents contraires violents et les grosses mers, il n'en est pas moins inexact de se refuser à admettre *que les vitesses que cette rotation procure sont supérieures à celles qui peuvent, dans les mêmes circonstances, être obtenues des roues.* Mais, de la question ainsi ramenée à sa véritable expression, il résulte que le point qui exige un sérieux examen est la rotation qui doit être imprimée à l'hélice pour produire, contre des résistances plus grandes, la vitesse réduite que ces résistances peuvent réclamer. Et, pour cet examen, la distinction que j'ai établie, folio 55, entre les causes de l'effet désigné par les mots *perte d'avance* et celles de l'effet désigné par le mot *recul*, doit être reprise.

En effet : 1° L'AIRE *de la projection d'une hélice sur la surface verticale transversale,* AIRE QUI EST LE POINT D'APPUI DE L'IMPULSION, *n'est-elle pas ordinairement et ne peut elle pas,* DANS TOUS LES CAS, ÊTRE COMPARATIVEMENT PLUS GRANDE QUE CELLE QUI EST LE POINT D'APPUI DES AUBES IMMERGÉES?

2° *L'avance que provoque l'hélice dans une unité de temps n'est-elle pas ordinairement et ne peut elle pas,* DANS TOUS LES CAS, *être au moins égale au mouvement horizontal que la corde de l'arc, immergé de la circonférence par le centre des aubes, fait dans le même temps?*

3° Enfin, *suivant MM. Bourne et Paris, la force relative de la résistance de l'aire qui sert de point d'appui à la propulsion des navires à vapeur* NE CROIT-ELLE PAS *au fur et à mesure que cette aire se trouve* PLUS ÉLOIGNÉE DE LA SURFACE DE L'EAU? La progression de cet accroissement n'est pas déterminée, mais ces Messieurs, à tort ou à raison, le considèrent comme ayant lieu, et, dans tous les cas, il est bien incontestable que cette résistance ne peut pas être amoindrie par l'accroissement de l'immersion.

Quelle est donc la cause de la réduction de l'efficacité de l'hélice, relative à celle des roues, pour produire l'impulsion en avant dans les forts vents contraires, quand, conservant sa rotation maxima, elle ne provoque cependant une vitesse du navire que peu supérieure à celle que lui imprimeraient des roues tournant à une vitesse réduite.

Cette cause n'est et ne peut être que *l'effet que je désigne* par les mots *perte d'avance*, c'est-à-dire LA ROTATION DE L'EAU ÉCROÙ DANS LAQUELLE L'HÉLICE SE VISSE; mais si d'une part il en est ainsi, et il est parfaitement évident que ce résultat est inévitable; de l'autre il ne l'est pas moins, que *la réduction de la rotation de ce propulseur* dont le pas reste le même, doit amener une *réduction notable du mouvement de rotation que l'eau dans laquelle il se visse se trouvait entraînée à prendre :* cet entraînement devant nécessairement décroître dans une progression beaucoup plus rapide que celle de la réduction de la rotation de l'hélice qui le provoquait.

Or, puisque la réduction de la rotation de l'hélice produit cette réduction d'une des principales causes de perte de l'avance que l'hélice tend à imprimer au navire, tandis que plus on cherche à trouver dans la réduction de la rotation des roues une cause d'accroissement de l'utilisation de la force dépensée, plus on reste convaincu qu'il n'en existe aucune qui ne profite pas au moins également à l'hélice; comment ce propulseur, quand il aurait par les temps modérés procuré la vitesse maxima du navire, vitesse égale à celle que les roues, aussi à leur maximum de rotation, lui eussent imprimée ce qui aujourd'hui n'est plus contesté, pourrait-il ne pas donner, à rotation réduite, une impulsion au moins égale à celle que donnent les roues, dont la rotation a subi une réduction proportionnellement égale !

Enfin, toutes ces démonstrations coïncident parfaitement avec un effet que tous les hommes pratiques connaissent, et qui a lieu quand on fait les essais *en place* des machines de navires à hélice; essais dans lesquels la résistance du propulseur, au lieu d'être, comme celle des roues, et comme on eût dû s'y attendre, accrue par les obstacles employés pour empêcher le navire de céder à son impulsion, est au contraire tellement réduite, que la vitesse de rotation qu'imprime à l'hélice une portion de la force de la machine ne permet pas de faire développer, à beaucoup près, à celle-ci, sa puissance entière, vu qu'elle imprimerait à la rotation une vitesse dont les conséquences pourraient être très graves.

Or, cet effet, qui est signalé au folio 55 du *Traité* de M. Paris, et qui serait presque inexplicable si l'on n'admettait pas la rotation d'un disque d'eau que l'hélice entraîne lorsqu'elle tourne sans avancer, ce qu'il annonce : ce n'est pas seulement le résultat conséquence des démonstrations qui précèdent, mais la très grande probabilité d'un accroissement de la force d'impulsion avec une rotation réduite.

En résumé, ce qui précède démontre : 1° que *l'hélice qui aura, par sa rotation maxima, procuré à son navire une vitesse égale à celle que procurent des roues tournant aussi à leur vitesse maxima,* donnera certainement une *propulsion non-seulement égale, mais supérieure à celle de ces roues, quand la rotation de l'un et l'autre des deux propulseurs aura subi une réduction proportionnelle ;* 2° qu'il ne serait rien moins que surprenant qu'une réduction de la rotation maxima des hélices dans les luttes contre de fortes résistances augmentât la vitesse effective du navire au lieu de la réduire.

La grande accusation portée contre l'hélice ne provient donc que d'un malentendu, que de ce qu'on a considéré comme obligation, ce qui n'est qu'une faculté dont il appartient aux capitaines d'apprécier la convenance, de ne pas faire usage dans les circonstances ordinaires.

Quelques soins que j'aie apportés à chercher, contre les démonstrations qui conduisent à ces conclusions, des objections que je n'ai pu trouver, et quoique les expériences de MM. Bourgois et Moll tendent à en confirmer l'exactitude, je reconnais pourtant qu'il est bien regrettable que des expériences directes ne fournissent pas les conséquences exactes de réductions de rotation proportionnelles aux réductions de la marche en avant qui se trouvent imposées par des accroissemens de résistances, aussi dois-je maintenant chercher dans les résultats que MM. Paris, Bourgois et Moll, et Bourne lui-même, ont constatés et que les premiers ont si habilement groupés, à rencontrer quelques résultats de nature soit à corroborer les indications théoriques qui précèdent, soit à prouver les erreurs sur lesquelles reposent les accusations de M. Bourne.

Le désir que j'aurais eu d'être beaucoup plus bref que je ne puis réussir à l'être, m'impose de ne rappeler que les plus saillantes des expériences nombreuses faites dans le but de comparer la puissance et l'utilisation que procurent les deux systèmes de propulsion aubes ou hélices : je passe donc de suite aux résultats retracés par M. Bourne lui-même, des mises en lutte directe de navires, l'un à roues, l'autre à hélice , attachés l'un à l'autre et employant l'un et l'autre, en sens inverse, la totalité de leurs puissances propulsives.

Les citations 9°, du folio 63, et dernier alinéa du folio 68 et suivans de l'ouvrage de M. Paris, constatent une puissance de l'hélice bien supérieure à la force comparative des machines des deux navires : puissance dont la comparaison s'établirait en ajoutant la vitesse d'entraînement à la vitesse normale du navire entraîné, et ces résultats, qui sont en parfait accord avec la citation 3°, du folio 61, sont en contradiction directe avec les conclusions de M. Bourne, sur les résultats que le *Faon* aurait donnés, s'il eût été à roues. Au reste, cette contradiction semble avoir été reconnue par cet auteur lui-même, et on ne peut guère en douter quand on se reporte au folio 69, et qu'on y lit la cause à laquelle il attribue la supériorité de la traction par l'hélice, cause qui serait la différence de niveau que la rotation de ce propulseur imprime à la surface de l'eau qui porte le navire.

Cette explication est heureusement si peu admissible que, pour le démontrer, il n'est pas même nécessaire de contester l'exactitude du résultat sur lequel elle repose : il suffit d'engager ceux que la question intéresse à faire seulement une excursion *sur quelque vapeur à roues parcourant, un canal ou une rivière dont les berges puissent indiquer les variations que* subissent les hauteurs de la surface de l'eau. Ainsi, dans la rivière l'Orne, que parcourent deux fois par jour deux vapeurs de formes cependant fort aiguës à l'avant et à l'arrière, on verra, ainsi que cela se remarquait dans les petits bras de la Seine, dont les vapeurs qui, jadis, faisaient le service du Havre à Rouen, avaient dû, à cause de l'effet que je vais signaler, abandonner le parcours qui pourtant réduisait un peu la route à faire, et enfin, ainsi que cela a lieu partout ailleurs, plus ou moins, suivant la force et la forme des navires mus par des roues à aubes, on verra, dis-je, que le niveau de l'eau, *à quelques mètres en avant de la proue des vapeurs l'Orne et le Cygne*, et sans aucune apparence de trouble, *s'abaisse d'environ un mètre*, puis *s'élève ensuite à peu près autant par le travers de l'arrière du navire*, ce qui donne à la surface de l'eau qui le porte *environ deux mètres de faux niveau*. Démontrer les causes de cet effet serait facile, mais superflu ici ; ce qui doit y être signalé , c'est la conséquence de cette inclinaison imposée momentanément à la surface de l'eau, c'est l'agitation, la série de vagues qu'elle occasionne après le passage du vapeur, cause et effets qui ont une grande analogie avec les barres de l'embouchure de la Seine, et de certaines autres rivières.

Or, il est de la dernière évidence que ce trouble est d'autant plus grand et que les vagues sont d'autant plus fortes, que la différence du niveau a été plus grande. Ainsi donc, dans les lieux parcourus par un grand nombre de vapeurs d'espèces différentes, mais où manquent les moyens de reconnaître les différences de niveau de la surface de l'eau, on pourra, cependant, par la différence de l'agitation après le passage de ces navires, reconnaître ceux qui provoquent sur le niveau de l'eau qui les porte les plus grandes différences ; ainsi, au goulet du port du Havre, où l'occasion de ces comparaisons est des plus fréquentes, mais où l'agitation presque incessante de la mer ne permet pas de constater les différences de niveau, on apprendra des lamaneurs qui y séjournent presque constamment, et surtout des patrons des bateaux passeurs d'une jetée à l'autre, qui eux sont constamment sur le lieu, quelle est la graduation du trouble et de la force des vagues que laissent après leur passage les nombreux vapeurs qui chaque jour parcourent ce goulet, et dans cette graduation on trouvera une confirmation exacte des conséquences théoriques de l'effet que j'ai signalé, puisque les remorqueurs très puissans et dont les formes s'opposent le plus à l'obtention de vitesses proportionnées à leur puissance sont ceux dont le passage engendre à sa suite les vagues les plus fortes, et, de plus, *ce qui détruit complétement la théorie de M. Bourne*, *que* LE TROUBLE ET LA FORCE DES VAGUES APRÈS LE PASSAGE DES NAVIRES A HÉLICE LES PLUS FORTS ET LES PLUS VITES EST TOUJOURS BIEN MOINDRE QUE CELUI QUE LAISSENT APRÈS EUX LES VAPEURS A ROUES, QUELS QU'ILS SOIENT.

Les conséquences tirées par M. Bourne de l'effet qu'il a signalé dans le but d'amoindrir celles d'un résultat aussi favorable à l'hélice que contraire à l'opinion que sa qualité de directeur, et surtout de fondateur d'une compagnie propriétaire de nombreux navires à roues, le portait nécessairement à préférer, reposent donc uniquement sur ce qu'il n'a examiné les effets que d'une des deux moitiés de l'expérience, sans avoir remarqué que, sur l'autre moitié, le même effet se produit avec beaucoup plus d'intensité ; ainsi, son argumentation, au lieu d'atténuer la supériorité de la traction par l'hélice, la confirme, et conduit à reconnaître qu'à celle qui résulte déjà de l'entraînement du navire à roues et dont les conséquences sont énormes, s'ajoute encore la différence que produit en faveur du vapeur à roues, le faux niveau de la surface de l'eau qui portait ce navire pendant l'expérience, et dont je viens de prouver que l'inclinaison était certainement plus grande que celle de l'eau qui portait le navire à hélice.

Pour des résultats directs :

1° Dans le compte rendu des expériences dynamométriques sur les machines du *Charlemagne*, tableau II, folio 415, on trouve que, l'orifice de l'introduction de la vapeur dans les cylindres de ces machines étant réduite à 3/10 et le nombre des tours de l'hélice à 24, le rapport de la poussée effective aux pressions calculées sans frottement, est de 0,88, et que cette quotité est bien supérieure à celle de la marche à toute puissance et à toutes celles obtenues avec plus de rotation de l'hélice, qui avait fait jusqu'à quarante-quatre tours ; il est vrai qu'avec les vingt-quatre tours, la pression de l'arbre de l'hélice sur le vaisseau était réduite ; mais, puisque l'expérience se faisait de beau temps et que la réduction des vitesses n'était occasionnée par aucune cause étrangère, elle faisait donc décroître la résistance du navire comme le carré de ses vitesses, et dès lors il ne pouvait présenter qu'une résistance très réduite, puisque l'impulsion ne tendait à lui imprimer qu'un sillage réduit.

2° A la page 471, on trouve un autre exemple bien remarquable de la puissance de l'hélice avec rotation réduite. Là, le nombre des tours de ce propulseur n'est pas, il est vrai, indiqué ; mais, peut-on révoquer en doute l'importance du résultat, quand on y lit : « Le *Napoléon* (le vaisseau de 90), AVEC LA MOI-» TIÉ DE SES FEUX ALLUMÉS, entraînait avec lui, *contre une brise* » *fraîche, le Jean-Bart* (autre vaisseau) *à une vitesse de 8 nœuds !* »

Enfin, dans le tableau n° 8, où se trouvent relatés seulement deux essais faits avec un peu de mer, on trouve à l'article *Napoléon*, « 16 septembre, qu'avec jolie brise de bout et houle assez

» forte de l'avant, » l'avance était de 8,949 pour un tour d'hélice, avec une rotation de 0,6204 par seconde, tandis que dans les mêmes conditions du vent et de la mer, l'avance, avec une rotation de 0,7541, n'était que de 8,166, et que dans tous les autres essais où la rotation était plus accélérée que dans celui que j'ai cité le premier, essais faits, cependant, *ou de calme ou avec vent favorable*, les avances par tour sont toutes moindres, et pour la plupart beaucoup moindres, ce qui est *une confirmation complète* DE MES APPRÉCIATIONS LE PLUS ÉTENDUES *des conséquences de l'accroissement d'impulsion que doit produire une hélice quand on apporte à sa rotation une réduction proportionnée à celle qui est ou imposée à la vitesse du navire, ou convenable à son service.* Quelle sera cette proportion ? L'expérience seule pourra l'indiquer, et c'est à chaque capitaine qu'il appartient de chercher à la déterminer.

Mais de toutes les expériences directes, la plus remarquable, la plus concluante en faveur de la propulsion hélicoïde, est sans aucun doute celle de ce même *Faon*, auquel M. Bourne promet cependant des vitesses encore plus grandes s'il était à roues.

Suivant M. Paris lui-même, folio 400, ce vapeur ne consomme par mille parcouru, que kilog. 64,40, soit kilog. 0,5367 par cheval nominal, et certes *sa marche*, 12 nœuds 3/10 EN COMMUNE PAR TOUS LES TEMPS, prouve bien que la force effective de ses machines égale ce qu'elle promet, soit plus du double de la puissance nominale (1). Mais le *Faon* n'a que 40,5 mètres, et si, le prenant pour type, on calcule, suivant les bases données dans le *Traité de l'Hélice propulsive*, folio 45, 144 et suivants, les vitesses que doit procurer à des navires de 80, 90 et 100 mètres, l'application de puissances proportionnellement égales à celle du *Faon* le résultat sera un accroissement de $\frac{2}{5}$ à $\frac{4}{7}$ de la vitesse effective, et conséquemment une réduction de $\frac{2}{7}$ à $\frac{3}{11}$ de la quantité relative de charbon brûlé par mille parcouru.

---

(1) MM. Mazeline, du Havre, qui sont des mieux notés au ministère de la marine pour l'accomplissement de leurs engagemens, offrent de faire des machines de 7 à 800 chevaux, dont la consommation n'excédera pas 5 kilog. par cheval nominal, dont la force effective sur les pistons atteindra 200 kilogramètres, soit près de deux fois et demie la force nominale.

Il est vrai que les accroissemens de vitesse qui sont attribués par M. Bourne, aux accroissemens des dimensions, avec puissances proportionnellement égales, peuvent être exagérées, et je crois qu'ils le sont ; mais si la progression par laquelle l'accroissement des dimensions fait croître, les vitesses, n'est pas bien déterminée, l'effet n'en existe pas moins, et même, dans une proportion assez large. Voir les indications de M. Paris folios 381 et 505.

Ainsi donc, si l'on accorde au *Faon* des comparaisons équitables, quels seront, même parmi ceux dont la puissance proportionnelle à leur résistance est égale ou supérieure à celle de ce navire, les vapeurs à roues dont la consommation commune ne sera pas relativement bien supérieure à celle du *Faon*.

Enfin, plus on étudie dans ses détails cette remarquable construction, malheureusement le dernier des travaux si importans et si nombreux de l'habile ingénieur dont une longue et douloureuse maladie a tant abrégé l'existence, plus on reste convaincu et de la haute valeur de l'expérience qu'elle fournit et que cette expérience était le but principal de celui à qui elle est due.

En effet, quand on tient compte de tous les moyens d'accroître la vitesse des navires à hélice dont l'auteur du *Faon* n'a pas voulu faire usage , quand on observe que les réductions et de l'acculement des varangues et des différences de tirant d'eau que M. Moissard (1) s'est imposées, placent son navire dans des conditions telles que les plus grands vapeurs transatlantiques à faire, sur les dimensions consacrées aujourd'hui par les applications anglaises, peuvent, sans sortir des limites de tirant d'eau que la fréquentation des ports impose, et que j'évalue à 6 mètres, conserver, entre la surface de la circonférence de leur hélice et la puissance de leurs machines, un rapport non-seulement égal, mais même supérieur à celui que cette surface atteint dans le *Faon*, tandis que le rapport de la surface immergée de leur maîtresse section transversale à leur puissance, restera à peu près égal à celui du

---

(1) Le témoignage de cet ingénieur, si regrettable, ne peut plus malheureusement être invoqué ; mais je manquerais à tout ce que je lui dois si je citais son nom sans adresser quelques expressions de reconnaissance à sa mémoire. Je me fais donc un devoir de rappeler la libéralité, gage d'un grand et vrai talent, avec laquelle il accordait ses précieux enseignemens, et qu'il portait jusqu'à autoriser les questions, expliquer ses vues et accorder même la communication de ses plans.

Faon ; les intentions de son auteur ne deviennent-elles pas aussi évidentes que le sont les avantages de l'hélice sur les roues, en présence des résultats que garantissent pour les grands navires les vitesses communes qu'obtient le *Faon*, malgré ses dimensions réduites.

Il est donc parfaitement certain qu'un navire à hélice de 700 à 800 chevaux de force nominale, développant de 1,400 à 1,600 chevaux de force effective, s'il est construit avec de bonnes formes, dans les dimensions dont l'admission est aujourd'hui consacrée par l'expérience *et sans excès dans ses poids de coque et d'armement*, atteindra, avec une charge de 1,600 à 1,800 mille kilog., en cargaison et combustible, des vitesses communes supérieures à tout ce qui a été obtenu jusqu'à présent (1), et qu'à tous les avantages déjà si considérables que ce résultat présente, viendra se joindre le plus important de tous, celui que déjà j'ai réclamé et *que les vitesses vraiment supérieures peuvent seules procurer :* UN ACCROISSEMENT NOTABLE DE SÉCURITÉ pour les voyageurs et l'équipage.

Est-il, en effet, un capitaine montant un navire dont les traversées rapides et régulières, chaque fois que la prudence les aura permises, auront prouvé ce qu'il peut faire, qui puisse hésiter à admettre toutes les déviations, toutes les réductions de vitesse, tous les arrêts enfin que la prudence pourrait réclamer! et quels seraient les passagers, portés par un tel navire, qui

---

. (1) L'évaluation *exacte* de la vitesse d'un navire à construire ne sera probablement jamais déterminée ; j'aurais cependant à présenter, *pour la comparaison des résistances au sillage* des navires, et *de celle des points d'appui des propulseurs*, *roues ou hélices* des aperçus qui simplifient les raisonnemens sur lesquels en sont basées les évaluations ; mais le résumé que j'ai entrepris a déjà trop d'extension, je me bornerai donc à faire observer : 1° qu'on ne tient pas assez compte, je crois, *de la direction* et conséquemment *de la vraie somme de mouvement que le passage du navire impose à l'eau qui le porte*, et surtout *des vitesses* plus ou moins grandes, *avec lesquelles il faut que cette eau se meuve*, d'abord pour faire place à la carène en marche, et, ensuite, pour remplir le vide que cette carène tend à laisser après son passage ; *vitesses dont la décroissance diminue certainement la résistance au sillage, et qui peuvent décroître d'autant plus que la longueur relative du navire est plus grande, et qu'on en profite plus pour* AUGMENTER L'ACUÏTÉ DE L'AVANT ET DE L'ARRIÈRE *de sa carène* ;

2° Qu'autant il est difficile d'évaluer exactement le rapport qui doit exister entre l'acuïté de l'avant et celle de l'arrière des carènes, autant il est facile de démontrer, ce que confirment, d'ailleurs, de nombreuses expériences, *que les avants doivent être plus aigus que les arrières, et que cette différence doit être d'autant plus grande que les navires sont destinés à être plus vites* ;

3° Que l'excédant de l'acuïté de l'avant, qui conduit à renvoyer *le centre du déplacement plus vers l'arrière* DOIT RÉDUIRE LE TANGAGE, et que l'exactitude de ces déductions théoriques est confirmée par des expériences dont les résultats ont grandement excédé les prévisions basées sur ces déductions.

pourraient hésiter, non pas à admettre, mais bien à réclamer ces augmentations accidentelles de durée d'un voyage.

Je finis donc en disant, comme à mon début, *qu'il faut aussi rendre les traversées moins périlleuses*, et en répétant que le seul moyen d'atteindre ce but est l'emploi de navires assez vites et d'une réputation assez bien établie pour que leurs capitaines n'aient pas à hésiter, chaque fois que la prudence l'exige, à accepter tous les retards qu'elle peut réclamer (1), dussent même ces retards s'élever parfois jusqu'à plusieurs journées.

E. LAHURE.

HAVRE , 21 Mai 1856.

---

(1) Pour les traités avec la poste, cette manière de voir pourrait peut-être donner lieu à quelques objections ; mais elles ne pourraient pas être sérieuses : un navire monté d'un équipage de plus de cent hommes et d'un nombre toujours assez important de passagers, est, en quelque sorte, un lieu public, et comment pourrait-on hésiter à accorder foi et valeur à des rapports de capitaines relatant des mesures prises en présence de tant de témoins, quand, dans la pratique commerciale, les rapports de capitaines dont l'affirmation ne repose que sur leur serment et sur celui d'un nombre de matelots souvent très réduit, sont admis comme prouvant les faits et suffisent pour imposer à des tiers toutes sortes d'obligations et même des remboursemens de sommes souvent très considérables !

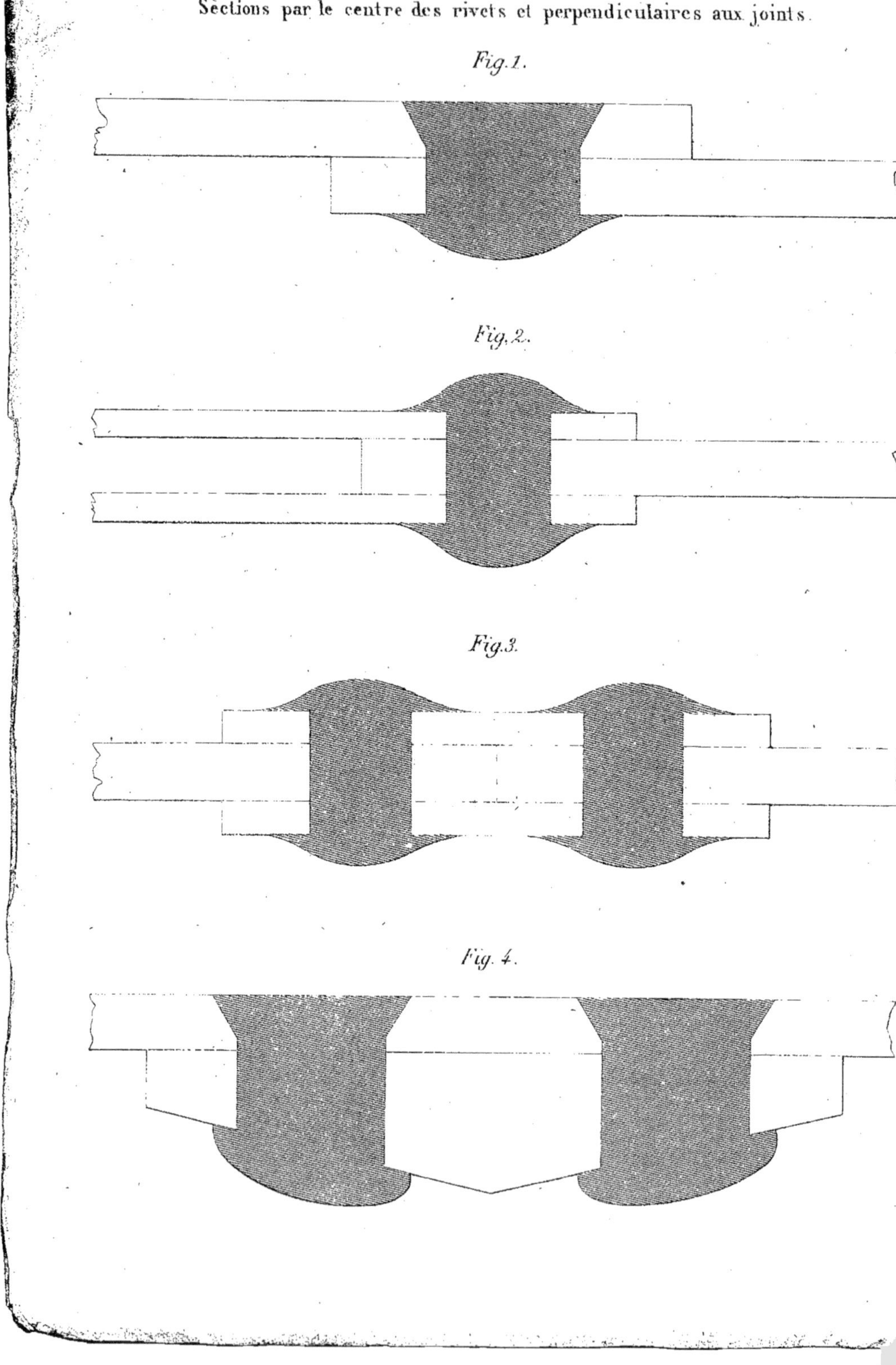

Fig.1.
Fig.2.
Fig.3.
Fig.4.

APPENDICE N° 1.

DISPOSITIONS DES JOINTS

ET

DIMENSIONS DES RIVETS.

APPENDICE Nº 1.

DISPOSITIONS DESTINÉES A DONNER LE PLUS DE FORCE POSSIBLE, PRINCI-
PALEMENT POUR RÉSISTER AUX TRACTIONS PERPENDICULAIRES A LA
DIRECTION DU JOINT ET PARALLÈLES A LA SURFACE DES TÔLES, A DES
JOINTS LES RÉUNISSANT EN UNE SEULE PAROI.

Dès la première inspection d'un joint du système le plus ordinairement suivi, qui consiste (voir la *fig*. 1) à superposer avec plus ou
moins de croisement les bords des deux tôles qu'on veut réunir et à
les traverser par une rangée de rivets, on est frappé de l'augmentation
de force que les rivets, qui forment ce joint, recevraient, si l'une des
deux feuilles pouvait être remplacée par deux autres feuilles dont
chacune aurait son épaisseur réduite même de moitié, mais qui, placées
l'une dessus, l'autre dessous la feuille conservant l'épaisseur première,
donneraient (voir *fig*. 2) à chaque rivet un appui à chacune de ses
extrémités.

Cette remarque conduit directement au système des joints formés
par des plaques posées une dessus, l'autre dessous les deux feuilles de
tôle à réunir, feuilles dont les deux bords sont juxtaposées (voir
la *fig*. 3).

Aussi la détermination de toutes les dimensions de détail de ce
joint, dont les épreuves comme la théorie démontrent la supériorité,
va-t-elle être le sujet de ma première étude.

Je dois rappeler d'abord que la base des conditions auxquelles doit
satisfaire un joint est l'égalité des résistances qui agissent en opposition les unes aux autres.

Or, pour le joint que j'étudie, on reconnaît dès le premier examen
que, maintenus à leurs deux extrémités par les deux bandes du joint
contre les pressions en sens inverse qui sont imposées à leurs milieux

par les feuilles qu'ils tiennent réunies et agissant sans aucune portée, puisque les bandes et les feuilles sont en contact, les rivets fournissent la totalité de leur force qui est donc, pour les comparaisons à faire avec celle que laissent aux tôles réunies les trous dont elles sont percées,

$$d^2 \, \frac{\pi}{4}$$

d étant le diamètre des rivets.

Seront en outre, **POUR LE JOINT DE LA** *fig.* 3 :

E l'épaisseur des tôles à réunir;

e l'épaisseur des bandes les réunissant;

I l'intervalle entre les trous mesuré parallèlement à la direction du joint;

i l'intervalle entre les trous et le bord des tôles;

i' l'intervalle entre les trous et le bord des bandes.

1. Chaque rivet doit faire équilibre aux deux moitiés des deux intervalles qui se trouvent de chaque côté du trou qu'il traverse, ainsi l'égalité à établir entre les rivets et les intervalles qui séparent les trous conduit directement à cette formule :

$$d^2 \, \frac{\pi}{4} = \text{I E}$$

laquelle donnera les valeurs de I et de d dès que l'une ou l'autre de ces dimensions sera déterminée. (Voir **3** ci-après.)

Cette formule toute simple présente déjà un enseignement très-utile : car I est la mesure de la portion conservée des tôles et d, diamètre du trou pour passer le rivet, la mesure de la portion enlevée; ainsi plus I sera $> d$, plus augmentera la force conservée; or, comme dans l'expression qui donne le diamètre du rivet d est à la seconde puissance, tandis que dans I E qui donne la dimension de l'intervalle, E est constante, il en résulte que plus croît d, plus croît la différence entre I $> d$ et d.

Ainsi plus les rivets seront gros, plus les joints auront de force.

Quant à la limite de l'accroissement des rivets, c'est de celle des intervalles I qu'elle dépend; car I a une limite dont la base est l'obligation de bien maintenir les joints étanches et dont l'évaluation ne peut dès lors reposer que sur l'expérience et ne peut être rigoureusement déterminée.

2. Pour les joints à doubles bandes, vu la réduction de l'épaisseur de ces bandes, je n'évalue que de 1 : 2 1/2 ou 3, le rapport de l'épaisseur des tôles E à la dimension des intervalles I, que je désigne par n;

je considère, toutefois, ce rapport comme d'autant plus susceptible d'accroissement que les tôles sont plus épaisses.

Donc :
$$1 = E\,n$$

La valeur de I est d'ailleurs assujettie à quelques variations, bien minimes il est vrai, mais inévitables, puisqu'il est indispensable de laisser toujours exactement, entre le premier comme entre le dernier rivet et les bords de chaque tôle qui sont perpendiculaires au joint, une distance $=$ à i, tandis que la valeur des d une fois déterminée d'après les épaisseurs des tôles, doit rester invariable.

3. Donc prenant $\dfrac{7}{22}$ pour la valeur de π, et remplaçant I par sa valeur E n.

$$d = \mathrm{E} \times \sqrt{\frac{28}{22}\,n}$$

4. Passant aux intervalles i qui doivent rester entre les trous des rivets et le bord des tôles jointes, intervalles dont la section sur la dimension la plus affaiblie sera i E, dont i est à déterminer, quelques observations préalables sont indispensables :

1º Puisque la résistance que produit chaque rivet fait, suivant ce qui précède, équilibre à I E, c'est-à-dire aux deux moitiés des deux intervalles qui se trouvent de chaque côté du trou qu'il traverse, l'action de la partie de tôle placée en avant du rivet, et qui a pour section minimá i E, est, par rapport aux $2\,\dfrac{\mathrm{I\,E}}{2}$ exactement semblable à celle que la tige en fer qui compose une chaîne, exerce à l'extrémité de chaque maillon, par rapport aux deux côtés du maillon.

Or, cette tige, quoique unique à ce point, y fait équilibre à la force des deux tiges semblables qui, de chaque côté du maillon, fournissent à la résistance leurs forces collectives, et cet équilibre est grandement suffisant, puisque ce n'est jamais à l'extrémité des maillons que se font les ruptures des chaînes.

Il est donc inutile d'entrer dans l'examen des causes de ce résultat qui, au reste, s'explique par l'effet des frottements, et sa reproduction, qui est bien constante, suffit pour prouver que la surface rigoureusement équivalente à la portion des efforts que doit subir i E serait $= \dfrac{I\,E}{2}$ mais, 2° de ce qu'il est impossible d'ajouter aux autres quantités qui sont la base première des comparaisons sur lesquelles s'établissent les égalités de force que réclame un bon joint, l'accroissement de force qui doit toujours être donné, *dans les applications à la pratique, de résultats constatés par des expériences* : impossibilité qui résulte et de ce qu'on ne peut pas faire croître d sans diminuer I, il ne saurait en résulter que sur les points, ou une addition de force est possible, elle ne doive pas être faite, et, comme la situation des quantités i i' et e permet cette addition, elles doivent la recevoir.

Il convient donc pour déterminer i d'ajouter à $\dfrac{I\,E}{2}$ un cinquième ou un quart, ainsi l'expression qui donne la valeur de i sera

$$i\,E = \frac{I\,E}{2} \times (1{,}2 \text{ ou } 1{,}3)\; n \qquad\qquad \textit{Voir } \textbf{2.}$$

4. 3° d'où $i = E \times (0{,}6 \text{ ou } 0{,}65)$

5. Pour l'évaluation de e qui devrait être $\dfrac{E}{2}$ puisque ce sont 2 e qui font équilibre à E, il résulte du raisonnement qui vient d'être présenté 2° et de l'évaluation de i que celle de e doit être :

$$e = E \times (0{,}6 \text{ ou } 0{,}65)$$

6. Par contre, l'évaluation de i' qui complète toutes celles du joint en étude ne devra être que $i' = \dfrac{I}{2}$; car de l'accroissement donné à e, il résulte que la dimension de i' tout en n'étant que $= \dfrac{I}{2}$, l'accroissement réclamé est obtenu puisque

$$2 \times \frac{I}{2} \times e = (I\,E) \times (0{,}6 \text{ ou } 0{,}65)$$

D'où :

6. 2° $i' = E \times 0{,}5\; n$

Toutes les mesures que réclame le joint en étude sont donc déterminées et seront fournies en fonction de E, pourvu que le rapport entre I et E soit fixé, et les bases pour l'établir ont été données, **2.**

Récapitulation de tous les détails du joint :

1° n est le rapport qu'on aura adopté de E : I, *Voir* **2.**

2° $I = E\,n$ *Voir* **2.**

$$3° \quad d = E \times \sqrt{\frac{28}{22}\,n} \qquad\qquad\qquad \textit{Voir } \textbf{3.}$$

$$4° \quad i = E \times (0{,}6 \text{ ou } 0{,}65) \qquad\qquad \textit{Voir } \textbf{4.} \; 3°$$

$$5° \quad e = E \times (0{,}6 \text{ ou } 0{,}65) \qquad\qquad \textit{Voir } \textbf{5.}$$

$$6° \quad i' = E \times 0{,}5 \qquad\qquad\qquad\qquad \textit{Voir } \textbf{6.} \; 2°$$

et enfin, vu que

$$L = (i' + d + i) \times 2,$$

$$7° \quad L = \left((2{,}2 \text{ ou } 2{,}3)\,n + \sqrt{\frac{56}{11}\,n} \right) \times E.$$

De ce qui précède, il résulte encore un enseignement : c'est la détermination *de l'effet que produirait sur la force du joint étudié, la uplication des rangs de rivets* et de la largeur des bandes pour les recevoir.

En effet, la différence entre la force du joint et celle de la tôle entière est la suppression des d, car la force de la tôle entière qui était, pour chaque espace, employé par un rivet et ses deux demi-intervalles, $E \times (d + I)$ n'est plus que $E\,I$.

Ainsi, tant qu'il ne sera rien ajouté au nombre des I, qui égale toujours celui des d-1 et qui avec les 2 i de chaque bout de la rangée de rivets, présente toute la force conservée de la tôle, la force du joint ne sera pas augmentée, et comme il résulte évidemment de la nature des considérations qui déterminent la limite de I, que l'addition de deux rangées de rivets placés en arrière de celles dont l'étude précédente donne la position et les dimensions, ne permettrait aucune addition à I ni à la somme des I. *Il est évident que la duplication des rangées de rivets n'ajouterait rien à la force du joint.*

Quand l'emploi du joint exige que les surfaces des bandes soient unies, la conicité nécessaire pour noyer les têtes des rivets réduit les six surfaces

$$I\,e, \quad i\,e, \quad i'\,e \text{ de chacune des deux bandes,}$$

ce qui exige un accroissement de e, mais vu que la conicité réduit deux fois autant que chacune des deux autres la première de ces surfaces, qui est le double de la troisième et un peu moins que le double de la deuxième (1), il convient pour déterminer e', la nouvelle épaisseur des bandes, de poser l'équation suivante, dans laquelle q est la fraction

---

(1) L'introduction du coefficient 1,2 ou 1,25 dont les causes ont été expliquées **4** 2°, porte l'accroissement de $i\,e$ un peu au-delà de ce qu'il devait être et de ce qu'est celui des surfaces $I\,e$ et $i'\,e$. Cet excès d'accroissement vient de l'impossibilité de donner à i sur les bandes du joint une dimension différente de i sur les feuilles jointes, d'où il résulte que l'accroissement de 0,2 ou 0,25 se trouve appliqué aux deux dimensions, ce qui exagère un peu la surface $i\,e$ qui en est le produit.

de l'épaisseur à laquelle s'étend la conicité qui est ordinairement de 45°, et que j'admets à cette inclinaison,

$$\mathbf{7}. \qquad \frac{\mathrm{I\,E}}{2} \times 1{,}2 = \left(i'e' - \overline{e'\,q}^{\,2} \times \frac{1}{2} \right) \times 2,$$

d'où l'on tirera la valeur de e'; toutefois, comme cette équation exigerait un développement, et qu'il n'est pas nécessaire que la conicité soit dans un rapport fixe avec l'épaisseur e', il sera plus simple de déterminer d'abord la profondeur de la conicité que je désignerai par c; car on obtiendra alors la valeur de e' par la formule

$$\mathrm{I\,E} \times (0{,}6 \text{ ou } 0{,}65) \left(i'' e - \frac{c^2}{2} \right) \times 2,$$

d'où on tirera directement, vu que $i'' = 0{,}05 \, \mathrm{E}n,$

$$\mathbf{7}. \qquad 2^{\mathrm{o}} \qquad e' = (0{,}6 \text{ ou } 0{,}65)\,\mathrm{E} + \frac{c^2}{\mathrm{E}\,n}$$

Dans l'épreuve de la force du joint dont je viens d'indiquer les proportions, deux tôles dont les deux dimensions perpendiculaires à la traction étaient $0{,}01 \times 0{,}11$, et que réunissaient deux rivets dans des conditions conformes aux indications qui précèdent, ont porté, sans aucune cession, 27,000 kilog., et la traction ayant continué à être augmentée, une tôle se déchira en travers d'un des trous faits dans chaque tôle, en arrière du joint, pour y passer les forts maillons de la machine d'épreuve.

DÉTAILS DU JOINT ÉPROUVÉ.

$$\mathrm{E} = 0{,}01 \quad e' = 0{,}0065 \quad n = 3, \ \mathrm{I} = 0{,}03$$
$$i = 0{,}018 \quad i'' = 0{,}015 \quad \mathrm{C} = 0{,}004 \quad d = 0{,}0196$$
$$\mathrm{L} = \left\{ \overset{i''}{0{,}015} + \overset{d}{0{,}0196} + \overset{i}{0{,}018} + \overset{i}{0{,}018} + \overset{d}{0{,}0196} + \overset{i}{0{,}015} \right\} = 0{,}1052$$

Le sens du laminage des tôles était en travers, c'est-à-dire perpendiculaire à la traction.

Le joint à deux bandes doit donc être employé pour toutes les parois intérieures qui concourent à produire la solidité du navire; malheureusement il ne peut pas l'être pour la réunion des tôles qui forment le bordage, car l'extérieur des navires doit être uni : il y a même lieu de douter qu'on doive admettre, pour les navires destinés à atteindre de grandes vitesses, les joints longitudinaux faits par le croisement des bords d'une virure avec ceux des deux autres qui se trouvent, l'une au-dessous, l'autre au-dessus, agencement duquel il résulte que les virures sont alternativement l'une rentrée, l'autre en saillie de toute son épaisseur : la direction que ces saillies suivent s'élève en effet beaucoup et devient très-oblique, en approchant de l'avant et de l'arrière, et comme il n'est rien moins que certain que dans la marche du navire les frottements de la carène sur l'eau qui l'enveloppe, suivent la direction que l'incidence sur les formes de la carène tend à imprimer, il n'est, ainsi que déjà je l'ai fait observer aux f°s 9 et 10, rien moins que certain aussi, que ces saillies ne contribuent pas à accroître un peu les résistances à la marche du navire.

JOINT DE LA FIG. 4.

Passant donc à l'examen des joints sans saillie à l'extérieur des tôles qu'ils réunissent, je signalerai d'abord un effet qui se produit constamment dans les épreuves qu'on fait subir, soit aux joints de la *fig.* 1, soit à des joints semblables à ceux de la *fig.* 3, sauf la suppression de la bande supérieure, dont l'enlèvement est indispensable, pour que la surface extérieure reste plane, et sauf l'accroissement de l'épaisseur de la bande conservée, épaisseur au moins égale à celle des tôles réunies; l'effet qui se produit invariablement est une courbure des tôles, courbure dont la cause est bien évidemment l'effort que les rivets, sollicités par la traction, font subir à la bande qui, ainsi que je l'ai indiqué dans mon ancien mémoire, folio 26, n'a pas plus tôt cédé qu'elle se déchire entre les rivets; cette bande, en se courbant et au moment qu'elle déchire, fait prendre à la tôle qu'elle joignait une courbure en sens inverse et conforme aussi au mouvement que la traction tend à imprimer aux rivets.

L'obligation d'augmenter l'épaisseur de la bande du joint est donc évidente, et comme c'est invariablement à la demi-largeur de la bande que sa courbure est le plus vive, l'obligation de porter à ce point le maximum d'épaisseur ne l'est pas moins.

Une série d'essais faits avec les habiles mécaniciens du Havre, MM. Mazeline, m'a conduit à reconnaître que la meilleure disposition des joints à une seule bande est celle dont je vais indiquer les proportions.

Avec ce système, les déchirures se sont produites souvent sur les tôles jointes, résultat qui devait être recherché, puisque l'épaisseur des tôles à joindre est la donnée première, tandis que celle des bandes est l'inconnue à déterminer, et qu'un peu d'excès sur les dimensions des bandes ne donne qu'un accroissement très-minime du poids total.

Reprenant les désignations déjà employées, en y en ajoutant quelques nouvelles, seront :

E l'épaisseur des tôles ;

E' l'épaisseur de la bande à sa demi-largeur ;

e' l'épaisseur de la bande à ses bords ;

L la largeur de la bande.

l l'intervalle entre le corps de chaque rivet, mesuré parallèlement au joint.

i l'intervalle du corps du rivet aux bords des tôles jointes.

i' l'intervalle du corps du rivet aux bords de la bande.

c la hauteur de la conicité de la tête des rivets, noyée dans la tôle, et du vide pour contenir cette tête.

d le diamètre du corps des rivets et des trous pour les recevoir.

D le diamètre maximum des têtes et du vide pour les recevoir.

SECTION DE LA BANDE.

(Voir la fig. 4.)

Dans les essais, la première cession se faisant toujours à la demi-largeur de la bande, ce résultat a conduit à former sa section transversale par des droites et à lui donner les dimensions suivantes :

8.

$$E' = 2\ 1/2\ E$$
$$é = E$$
$$L = (i' + d + i) \times 2$$

CONICITÉ.

9. Après les ruptures, la conicité des têtes est toujours dérangée, et on comprend que, les rivets n'étant maintenus que par l'une de leurs extrémités, les efforts que les tractions leur font subir tendent à se décomposer et à provoquer l'arrachement, et dès lors à agir, pour une portion quelconque, sur la résistance que présentent les têtes, ce qui réclame l'accroissement de c; cependant, comme la conicité est à enlever des tôles qu'on veut joindre, ce qui augmente encore la réduction de force qui va être signalée dans la détermination qui va suivre du diamètre du corps des rivets, il convient, pour diminuer cet inconvénient, de réduire au moins l'inclinaison de la conicité dont la hauteur est augmentée : aussi, au lieu de conserver cette inclinaison de 45°, je ne la porte qu'à 30°, ce qui réduit la surface enlevée de chaque côté du rivet à $c^2\dfrac{1}{4}$ tandis qu'avec l'inclinaison à 45°

elle serait $c^2\dfrac{1}{2}$

9.   2° $C = 0{,}8\,E$

9.   3°   ainsi $D = d + 2\dfrac{C\,E}{4}$

DIAMÈTRE DU CORPS DES RIVETS.

10. Il résulte bien évidemment de la condition dans laquelle sont placés, pour résister aux tractions, des rivets dont une extrémité est dépourvue de tout point d'appui, que la résistance qu'ils fournissaient dans le joint à deux bandes est réduite de moitié dans le joint à une seule bande, et puisqu'il faudra deux rivets pour égaler $I\,E$, l'équation qui donne la valeur de d sera

$$I\,E - \frac{\overline{0{,}8\,E}^2}{4} \times 2, = d^2\,\frac{\pi}{4} \times \frac{1}{2}$$

d'où l'on tire remplaçant I par sa valeur $= E\,n$, et introduisant celle de $\pi = \dfrac{22}{7}$,

10.   2° $d = E \times \sqrt{(n - 0{,}32) \times \dfrac{28}{11}}$

11. C'est cet accroissement indispensable des d qui est la cause principale de la moindre résistance du joint à une seule bande ; toutefois, dans ce joint, l'épaisseur minima des fers employés est E ; cette circonstance permet d'accroître n et de porter ce rapport à 4 ou 4 1/2, ce qui, vu les observations présentées (**1**) à l'occasion de l'évaluation des d du joint à deux bandes, atténue un peu la réduction de force, qui est la conséquence de l'augmentation des d et de la conicité à prélever sur les tôles.

ÉVALUATION DES I ET *i*.

12. $I = E\,n$

13. L'évaluation de i repose sur les mêmes raisonnements que pour le joint à deux bandes, et, sauf la conicité enlevée de la tôle, est la même que celle de ce joint ; l'expression qui donnera la valeur de i sera donc

$$i\,E - \frac{\overline{(0{,}8\,E)}^2}{4} = \left(I\,E - \frac{\overline{(0{,}8\,E)}^2}{2}\right) \times 0{,}6 \text{ d'où}$$

13.   2° $i = E \times (0{,}6\,n - 0{,}032)$

14. Pour celle de i', l'accroissement d'épaisseur que prend la bande en s'éloignant de ses bords, accroissement qui, faisant $i' = \dfrac{I}{2}$, rend la surface de résistance $i' \times (e + \text{etc.}) > I\,E \times 0,6$, permettrait la réduction de i'; mais, vu le peu de réduction du poids qui en serait la conséquence, et vu la nature des efforts que subissent les rivets, efforts auxquels les effets du levier donneraient de l'accroissement dès l'origine d'une cession du joint, et bien que, dans les épreuves, cette partie des bandes n'eût pas cédé, je conserve $i' = \dfrac{E\,n}{2}$.

RÉCAPITULATION.

$$I = E\,n. \qquad\qquad \textit{Voir } \mathbf{12.}$$
$$c = E \times 0,8. \qquad\qquad \text{» } \mathbf{9.}\ 2°$$
$$d = E \times \sqrt{(n - 0,32)\,\dfrac{28}{11}} \qquad\qquad \text{» } \mathbf{10.}\ 2°$$
$$i = E \times 0,6\ n\ 0,032 \qquad\qquad \text{» } \mathbf{13.}\ 2°$$
$$i' = E \times 0,5\ n \qquad\qquad \text{» } \mathbf{14.}$$
$$E' = E \times 2,5 \qquad\qquad \text{» } \mathbf{8.}$$
$$e' = E \qquad\qquad \text{» } \mathbf{8.}$$

Et enfin, opérant comme pour le joint à deux bandes,

$$L = E \times \left(2,2\ n - 0,064 \times \sqrt{(n - 0,32) \times \dfrac{112}{11}}\right)$$

Les joints sur lesquels avaient été faites les épreuves dont les résultats sont donnés dans mon ancien Mémoire, f° 26, étaient dans les proportions qui précèdent. En voici les dimensions :

$E = e' = 0,01$;

$I = 0,033$;

$i = 0,019$;

$i' = 0,016$;

$C = 0,008$;

$d = 0,027$;

$D = 0,035$;

$E' = 0,025$;

$L = 0,12$.

Sur ces joints, il n'est pas douteux que la duplication des rangées de rivets n'augmentât la force ; mais, en présence de l'augmentation considérable de poids qu'entraînerait cette combinaison qui exigerait une augmentation de la largeur et des épaisseurs de la bande dont la surface de section transversale devrait être presque quadruplée ; en présence aussi de la force déjà considérable du joint décrit, l'étude des conséqùences de la duplication des rangées de rivets eût été sans utilité réelle.

Il en serait de même de continuer les évaluations des diverses parties d'autres joints, car ce qui précède fournit l'indication des calculs, assez simples d'ailleurs, par lesquels on obtient l'égalité des résistances dans les joints de tous les systèmes. Ainsi, pour celui de la *fig.* 1, il est évident que la dimension des I sera celle du joint à une seule bande, et que, pour les intervalles qui séparent les trous des bords de la tôle, l'évaluation en sera celle du i' du même joint.

FIN DE L'APPENDICE Nᵒ 1.

APPENDICE N° 2.

STABILITÉ DES NAVIRES.

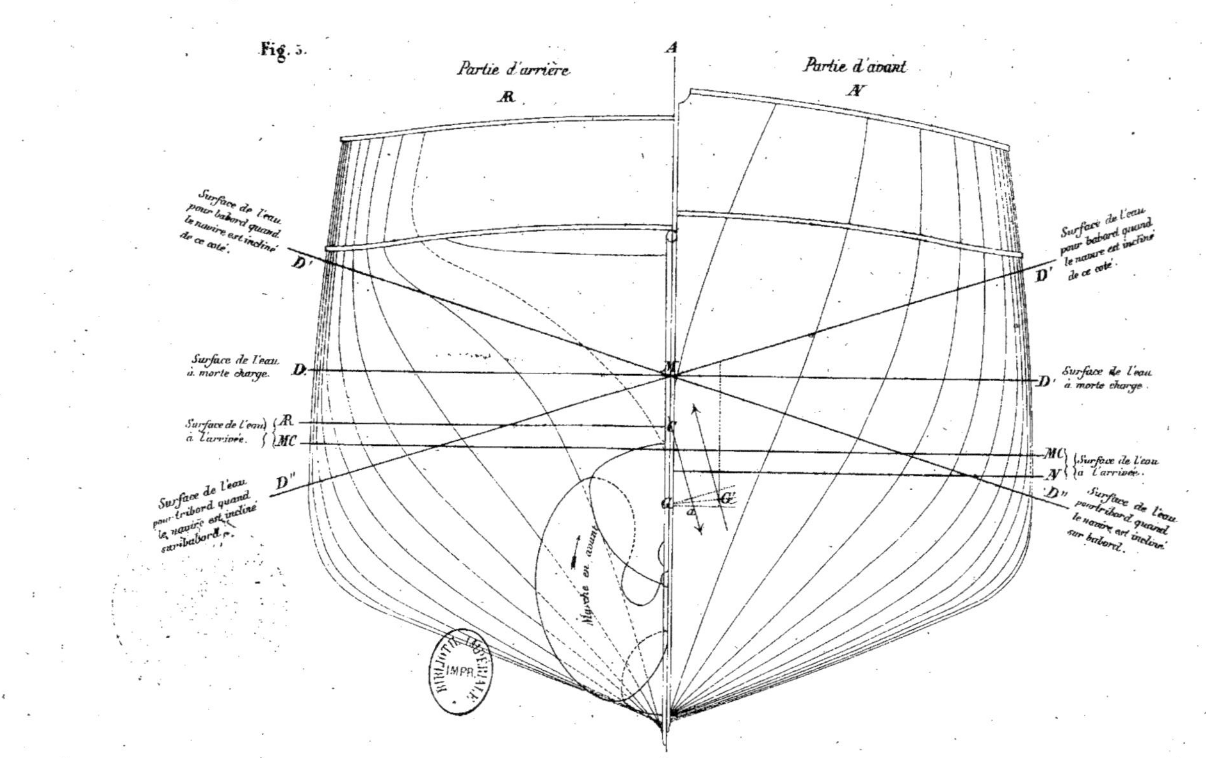

Fig. 5.
Partie d'arrière
AR.
Partie d'avant
AV.
A
B
M
Surface de l'eau pour babord quand le navire est incliné de ce coté.
D'
Surface de l'eau pour babord quand le navire est incliné de ce coté.
D'
Surface de l'eau à morte charge.
D
Surface de l'eau à morte charge.
D'
Surface de l'eau à l'arrière.
AR
MC
MC
N
Surface de l'eau à l'arrière.
Surface de l'eau pour tribord quand le navire est incliné sur tribord.
D''
MC
N
D''
Surface de l'eau pour tribord quand le navire est incliné sur babord.
G
a
G'
Marche en avant.

ÉVALUATION DE LA STABILITÉ.

Soit x l'intervalle qui sépare chacune des 21 sections VT verticales transversales, sections dont, suivant la *fig.* 5, 11 sont à l'AV et 9 à l'AR de celle par le MC, qui ainsi se *trouve sur* le n° 1 AR.

Soient, pour la morte charge les ordonnées mesurées sur M D et partant de l'axe A B :

y pour la VT n° 0

y' — — 1 M C Arrière y' pour la VT n° 1 Avant

y'' — — 2 — y'' — — 2 —

y''' — — 3 — y''' — — 3 —

etc.   etc.

Les 2 dernières ordonnées y 10 — 10 = 0, — y 10 — 10 — = 0,

Soit S y la somme des ordonnées en avant de la section V T N° o aussi bien que de l'ordonnée de cette section et de celles qui la suivent, S $y \times x$ sera l'aire de la section horizontale M D; et S $y \times 2\,x$, l'aire totale de la section horizontale par la surface de l'eau.

Que D' D (voir la *fig.* 5) $= y$ tang. a et chaque triangle formé par la ligne M D et par chacune des sections VT aura, en négligeant les faux équerrages de quelques-uns des angles D D' D'' etc., et les considérant tous comme droits, *ainsi qu'on le fait dans la formule du métacentre*, de hauteur,

y tang. a
y' — y' tang. a
y'' — y'' —
etc.   etc.

D'où les volumes ajoutés au côté abaissé du navire et retranchés du côté opposé seront :

$$\frac{S\,y^2}{2} \text{ tang. } a \times 2\,x$$

Et comme la distance de l'axe A B au centre de chaque triangle, mesurée parallèlement à C D, $= \dfrac{2}{3}\,y$ les moments M, mesurés de même, du volume de déplacement en plus sur babord et en moins sur tribord seront :

$$M = x \times \frac{2}{3}\,\frac{S\,y^3}{v} \times \text{ tang. } a$$

Enfin, la distance de M D au centre de chaque triangle, mesurée parallèlement à A B étant $\dfrac{y \cdot \text{tang } a}{3}$ les mêmes moments M', mesurés de M D seront :

$$M' = x \times \frac{S y^3 \times \overline{\text{tang. } a}^{\,2}}{3\,v}$$

Pour le complément, voir le texte ci-après.

APPENDICE N° 2.

STABILITÉ DES NAVIRES.

La formule adoptée pour l'évaluer est intitulée formule du *métacentre*.

Dans un traité d'architecture navale, publié en 1848 à Toulon, et à Paris chez Robiquet, par M. Mazaudier, on trouve, *ce qu'on ne rencontre pas dans tous les traités de cet art*, une explication très-claire de cette formule (1).

La formule du métacentre, toute consacrée qu'elle soit par l'usage, est très-incomplète; mais si on la recompose comme l'a fait M. Mazaudier jusqu'au point où on arrive à cette expression

$$P \times \frac{2}{3} \frac{Sy^3}{v} \times tang.\,a$$

et qu'au lieu de continuer à suivre la route ordinaire que cet ingénieur, à l'habileté duquel je ne rends pas moins hommage, a cru devoir conserver, on examine la valeur de cette expression, on trouve qu'elle donne le mouvement horizontal du centre du déplacement vers le bord abaissé du navire, et qu'elle donnerait, si ce centre et celui du navire étaient sur une même horizontale, la longueur du couple ou bras de levier, à l'extrémité duquel s'exercerait la pesanteur du navire P pour provoquer le redressement de l'inclinaison dont *tang. a* est la mesure : le point d'appui de ce levier étant la poussée par le centre du dépla-

---

(1) On y rencontre cependant une faute de typographie qu'il convient peut-être de signaler : le premier mot de la treizième ligne du f° 24 est *cylindre* ; il faut lire *prisme*.

cement, poussée que je considère comme changeant de position, tandis que celle par le centre du navire reste sur la même verticale.

Ainsi, désignant par M la force de redressement du navire évaluée en moments de son poids, l'expression

$$M = P \times \frac{2}{3} \frac{Sy^3}{v} \times tang.\,a$$

donnerait la valeur exacte de **M**, si la condition indiquée existait.

Mais les deux centres ne sont pas sur la même horizontale, et comme le centre du navire est inévitablement plus élevé que celui du volume que déplace sa carène, tandis que les poussées ascendante et descendante par les centres sont toujours verticales, il en résulte que la poussée par le centre du navire forme : 1° avec la ligne qui était verticale quand on avait *tang. o,* un angle dont la mesure est aussi *tang. a;* et 2° avec la ligne jadis horizontale, passant par le centre du déplacement, un triangle dont la base placée sur cette ligne est *h tang. a; h* désignant la hauteur du centre du navire au-dessus de celui du déplacement. (Voir la *fig.* 5 où ce triangle est indiqué C G *a* (1).

Cette base *h tang. a* est la marche que la poussée par le centre du navire a faite, à la hauteur de l'horizontale sur laquelle elle est mesurée, vers le bord abaissé du navire. Ainsi, l'expression

$$\left(\frac{2}{3} \frac{Sy^3}{v} - h \right) tang.\,a$$

est la distance qui sépare les deux poussées, mesurée sur la ligne qui était horizontale avant que le navire eut été déplacé, et comme le déplacement a rendu verticale la diagonale du triangle dont *h tang. a* est la base, la distance réelle entre les deux poussées sera

$$\left(\frac{2}{3} \frac{Sy^3}{v} - h \right) tang.\,a \times \frac{sin\,a}{tang.\,a}$$

d'où, continuant d'indiquer par M les moments du poids du navire, on aura

$$M = P \times \left(\frac{2}{3} \frac{Sy^3}{v} - h \right) \times sin.\,a$$

---

(1) Dans *toute* cette étude, la position du centre du navire est considérée comme ne changeant pas, mais cette hypothèse devait être admise : car *toute augmentation du poids relatif d'un navire est une réduction de sa vitesse, et, en présence de cette vérité parfaitement incontestable,* l'emploi du *lest* doit être entièrement proscrit dans les vapeurs à grandes vitesses, tandis que dans les navires ordinaires, l'obligation de recourir au lest pour obtenir une stabilité suffisante, même quand le navire est rempli d'une seule espèce de marchandise, ne doit être admise qu'autant que la pesanteur spécifique de cette marchandise est très-réduite, et que, dans la pratique, il est peu de navires assez malentendus pour exiger, sauf dans le dernier cas, la *présence d'un lest* dans les conditions de chargement que je viens d'indiquer.

Et cette valeur serait *rigoureusement exacte*, non plus si les deux centres étaient sur la même horizontale, mais seulement si 1° : le centre du déplacement restait exactement sur la ligne qui est horizontale quand on a *tang. o;* 2° si les deux côtés du navire, dont l'un s'immerge et l'autre s'émerge, restaient symétriques.

L'absence de la similitude du bord immergé et du bord émergé a, toutefois, sur la formule du *métacentre*, la même influence que sur celle qui précède.

Pour les conséquences de la différence signalée 1°, elles peuvent s'introduire dans la formule : car, si l'on évalue par une réduction en moments, la position du centre du déplacement par rapport à l'horizontale sur laquelle il a été considéré rester, on trouve que la véritable hauteur du triangle prise pour *h*, est

$$h - \frac{Sy^3}{3\,v}\,\overline{tang.\,a}^{\,2}$$

d'où la valeur de M devient

$$M = P \times \left(\frac{2}{3}\,\frac{Sy^3}{v} \times \left(1 + \frac{\overline{tang.\,a}^{\,2}}{2} \right) - h \right) sin.\ a$$

Il y a, toutefois, d'autant moins d'inconvénient à négliger l'insertion dans la formule de la quantité $\frac{Sy^3}{3\,v}\,\overline{tang.\,a}^{\,2}.\ sin.\,a,$ que non-seulement elle est très-minime, mais que cette insertion ne produit qu'un accroissement de la stabilité.

Pour les différences signalées 2°, ce n'est qu'alors que *tang. a,* c'est-à-dire l'inclinaison, devient grande, qu'elles engendrent des conséquences de quelque importance et méritent d'être évaluées, ce qui ne peut se faire que sur le plan d'exécution.

Les expressions qui précèdent sont d'ailleurs plus utiles pour les enseignements qu'elles fournissent que pour la détermination de la force précise de la stabilité des navires : pour cette détermination, il vaut même mieux faire usage d'une méthode toute autre que celles qui précèdent, méthode qui repose sur la détermination, par des courbes, des distances successives de la surface de l'eau auxquelles se trouvent les centres, tant du déplacement que du navire et de ce qu'il contient, suivant les degrés d'inclinaison et les différences de volume du bord qui s'immerge et de celui qui s'émerge. Si je n'ai pas fait usage de cette méthode, qui *repose plus directement sur les lois de la pesanteur* que celle à laquelle j'ai eu recours, c'est qu'elle eût exigé des démonstrations assez longues et que d'ailleurs, en suivant l'ancienne méthode de laquelle je n'ai dévié que sur ses fins, les raisonnements qu'on obtient au moyen de l'introduction de h offrent des démonstrations plus frappantes que la formule que je viens de désigner.

En effet, vu la densité de l'eau de mer $= 1,026,$

$$\frac{P}{V} = \frac{1026}{1000}$$

d'où $M = P \times \dfrac{2}{3} \dfrac{Sy^3}{v} \times \left(\left(\frac{1 + \overline{tang.a}^2}{2} \right) - h \right) Sin.\, a$ devient

$$M = Sy^3 \times \frac{1026}{1500} \times \left(\left(1 + \frac{\overline{tang.a}^2}{2} \right) - Ph \right) \times Sin.\, a$$

Et en présence de cette expression, il est facile de comprendre par le jeu des deux quantités, l'une positive, l'autre négative, les causes de la chute complète, sur leur côté, que font beaucoup de navires quand ils subissent une inclinaison qui excède un certain nombre de degrés : résultat bien déplorable; car, à la mer, le redressement de ces navires est trop souvent impossible, même en coupant leurs mâts.

Cette expression fournit aussi l'explication des effets imprévus qui se produisent quand on abat en carène certains navires, dont la résistance, d'abord très-grande, décroît si bien, qu'arrivés à une inclinaison déterminée, ils tombent en grand sur le ponton, et que, sans l'appui que leurs mâts y trouvent, ils chavireraient complétement. Tous ces résultats sont la conséquence des accroissements de h, desquels il résulte que le couple ou levier, dont la longueur diminue progressivement, finit par agir en sens inverse, ce qui a lieu quand la partie négative de l'expression devient plus grande que sa partie positive.

Il est vrai que l'évaluation exacte de la stabilité, ainsi que celle des différences de tirant d'eau arrière et avant des navires, différences dont la détermination repose sur les mêmes calculs, est une opération assez longue quand on la fait sur les plans et devis; mais si on attend pour la faire, comme le propose M. Mazaudier, que le navire soit construit et armé, on ne peut plus alors apporter que des changements dans l'arrimage, et quand d'autres modifications sont nécessaires, elles ne peuvent se faire, ce qui est un inconvénient bien grave et qui occasionne trop souvent de grands frais en pure perte.

C'est d'ailleurs une vérité fondamentale pour toutes les constructions, et particulièrement pour celles des navires, *qu'un des meilleurs moyens d'en diminuer le coût, est de ne rien économiser sur les études préalables.*

Pour les vapeurs surtout la stabilité et les différences de tirant d'eau sont grandement influencées par la situation des machines, et pour donner à celles-ci l'emplacement le plus convenable, il est souvent inévitable d'apporter quelques modifications aux formes de la carène : les méthodes qui ne donnent la détermination du centre du navire qu'après qu'il est construit et à plus forte raison armé, sont donc insuffisantes.

Au reste de tous les calculs, les plus longs, vu les détails considérables qu'ils exigent, sont ceux qui servent à déterminer le centre du navire; mais comme il faut toujours en déterminer le poids, l'opération se trouve en partie faite, et je ne pourrais admettre qu'il convînt, dès qu'il s'agit de constructions un peu hors ligne, de négliger de faire faire, quelque long que ce travail puisse être, et le devis exact de tous les objets qui composent ce poids et les opérations nécessaires pour la détermination de leur centre commun.

J'ai maintenant à signaler encore quelques enseignements importants que fournit la dernière expression de la valeur de M.

$$M = Sy^3 \times \frac{1026}{1500} \times \left((1 + \overline{tang.a})^2 - Ph \right) Sin.\,a$$

Car l'un de ces enseignements, qui est la réduction de la stabilité qu'occasionnent les chargements trop lourds, s'il était plus répandu parmi les capitaines du commerce et les Américains surtout, eût, sans aucun doute beaucoup diminué le nombre déplorable des pertes, corps et biens, qui, depuis trois années, ont été la conséquence du renversement de tant de navires chavirés en mer avec de très-lourdes cargaisons, tandis que remplis de marchandises ou légères ou d'un poids moyen, ils avaient précédemment très-bien navigué, et il y a d'autant plus de raison de prouver qu'en chargeant en plein un navire de marchandises très-lourdes, on en diminue la stabilité; que l'obligation qu'on rencontre de porter d'abord l'immersion des navires à une certaine limite pour les rendre suffisamment stables, conduit à croire que, puisqu'il a fallu augmenter l'immersion pour obtenir une stabilité suffisante, la stabilité doit continuer à croître avec l'immersion. Cette opinion est encore si bien admise, qu'au nombre des navires auxquels j'ai fait allusion, il s'en trouvait dont les capitaines, en sus des charges déjà trop lourdes que contenaient leurs cales et entreponts, avaient mis sur les ponts de leur navire des mâtures d'un poids très-considérable.

Reprenant l'examen de la formule et commençant par la recherche de la cause qui exige d'abord un certain accroissement d'immersion, même pour les navires dont les formes, alors qu'ils ne sont pas encore lestés, donnent déjà à la somme des y sa valeur presque *maximâ*, elle indique que cette condition ne peut être la conséquence que du besoin de diminuer h; et, en effet, si, prenant la dernière expression de la valeur de M, sous un autre point de vue que ceux déjà présentés, on recherche, au lieu des conséquences de l'inclinaison, celles des augmentations d'immersion qui, bien entendu, sont la conséquence des accroissements de P, et exigent des accroissements de v, on reconnaît que les premières augmentations de l'immersion apportent à la quantité négative h des réductions relativement très-grandes, mais que cette conséquence de l'augmentation de l'immersion s'atténue successivement, tandis que chaque accroissement de P, qui reste sans aucune influence sur toute la partie positive de l'expression de la force de redressement du navire, partie positive dont les valeurs de P et de v se trouvent entièrement éliminées, augmente au contraire toute la partie négative de la même expression, d'où il résulte que chaque accroissement de P diminue M de tout son produit par $h \sin. a$, tandis que les réductions de h que procurent les accroissements de l'immersion deviennent de moins en moins grandes à mesure que l'immersion augmente, et enfin que les augmentations de l'immersion, conséquence des accroissements de P et qui seules font décroître h, suivent, elles aussi, une progression décroissante.

Ces enseignements, très-importants déjà par les causes que je me suis laissé entraîné à présenter d'abord, quoiqu'elles soient étrangères au but que je poursuis, ne le sont pas moins pour la question spéciale des vapeurs transatlantiques, puisqu'ils démontrent que *la stabilité de ces navires, loin d'être insuffisante à l'arrivée*, comme quelques personnes en manifestent la crainte, sera au contraire très-grande et pourrait même, suivant la situation qui sera donnée à leurs soutes, *être plus grande qu'au départ*. Ce résultat donne enfin un nouvel appui à mes propositions pour l'emplacement des soutes (voir folio 7). Ainsi disposées, elles donnent au centre de l'approvisionnement de charbon une situation qui évite au navire, combiné d'ailleurs de manière à présenter une stabilité parfaitement suffisante lorsque ses soutes sont vides, tout excès de la stabilité quand elles sont pleines; et tous les hommes spéciaux savent bien que si l'insuffisance en est redoutable, l'exagération de la stabilité ne l'est pas moins à cause des mouvements violents et saccadés qu'elle provoque et, qui, dans certains navires, vont jusqu'à occasionner le bris des mâtures et la dislocation des coques.

FIN.

PARIS. — IMPRIMERIE CENTRALE DE NAPOLÉON CHAIX ET Cⁱᵉ, RUE BERGÈRE, 20. — 4502.